CASADOS PERO FELICES

Tim LaHaye

EDITORIAL
UNILIT

Publicado por
Editorial Unilit
Miami, Fla. 33172

ISBN 8423-6252-5
Producto No. 490210

Nueva impresión 1986
Derechos Reservados

Original en Inglés
How To Be Happy Thought Married
Tyndale House Publishers
Copyright © 1968
All Rights reserved

ISBN 8423-6252-5
Producto No. 490210

Printed in Colombia.
Impreso en Colombia.

Contenido

Prefacio

¿Cómo pueden unirse dos cristianos y formar, por medio del matrimonio, un solo cuerpo espiritual, físico y emocional? Este interrogante vital es el tema que el pastor LaHaye trata de una manera original y única en su género. Basado en la experiencia de años de consejero y dotado de un don especial para comprender la personalidad humana, el pastor LaHaye describe los goces del matrimonio, diagnostica la causa de los principales peligros en potencia, hurga en las incompatibilidades que se presentan, y dirige al lector a soluciones espirituales prácticas. La exposición que hace de las seis llaves a la felicidad matrimonial (madurez, sumisión, amor, comunicación, oración y Cristo), será de ayuda para los que ya han transitado gran parte del largo sendero de la vida matrimonial como para los que están dando sus primeros pasos. A diferencia de muchos libros cuyo tema se refiere a la actitud de los cristianos con respecto al matrimonio, este libro incluye un capítulo comprensible y ajustado a una rigurosa exactitud médica relativo a la adaptación física. Si bien el sexo nunca debiera ser el impulso dominante, los conflictos y confusiones que se plantean en ese ámbito terminan frecuentemente en el caos matrimonial.

De una manera muy significativa, el pastor LaHaye pone énfasis en el principalísimo papel que juega Cristo en el hogar. Cuando el hombre y la mujer se someten a la voluntad de Dios, el matrimonio resulta una maravillosa y apasionante aventura. Sin la presencia de Dios, como ingrediente unificador, el matrimonio es una cosa incompleta.

Aun para los lectores que no han tenido el privilegio de escuchar al pastor LaHaye enseñar las verdades bíblicas, domingo tras domingo, el libro le resultará estimulante y un verdadero reto a la imaginación. Después de leer estos capítulos, el lector se habrá familiarizado con la forma en que Dios se preocupa por el hombre y su hogar. Esperamos que sea realmente de ayuda para todos, como lo ha sido para muchos en San Diego, California.

Frank E. Young, Doctor en medicina y en filosofía.

Introducción

El matrimonio puede constituir la experiencia más feliz, mediocre o desdichada de nuestra vida. Dios estableció que los sexos opuestos se complementaran. Quiso que el hombre y la mujer se unieran en matrimonio para que cada uno de ellos brindara al otro lo que al otro le faltara. Pero las diferencias que pueden complementar y ligar a dos personas con individualidad propia, también pueden dividir y separar en lugar de unir. Mucha gente se refiere al sexo y al matrimonio como "hacer lo que es natural"; pero la innumerable cantidad de matrimonios desavenidos prueba que esa relación no puede estar basada solamente en el instinto. El altísimo índice de divorcios en los Estados Unidos nos habla bien a las claras del grado que ha alcanzado el déficit de felicidad conyugal.

Las distintas piezas que conforman el rompecabezas matrimonial no encajan automáticamente a la usanza de Hollywood. El amar y vivir con el compañero implica esfuerzo y dedicación, y darse a sí mismo en beneficio del otro.

Desde el momento en que fue Dios mismo el que creó al hombre y a la mujer con el propósito de que fueran el uno para el otro, los mejores consejos sobre el matrimonio los encontramos en la Biblia. Dios instituyó el matrimonio para el bien del hombre: "Y dijo Jehová Dios: No es bueno que el hombre esté solo; le haré ayuda idónea para él. . . Dijo entonces Adán: Esto es ahora hueso de mis huesos, y carne de mi carne; ésta será llamada Varona, porque del varón fue tomada. Por tanto, dejará el hombre a su padre y a su madre, y se unirá a su mujer, y serán una sola carne" (*Gn.* 2:18, 23-24).

El hombre fue el único ser de los que habitaban en el Jardín de Edén al que Dios creó sólo. Todos los demás animales fueron creados como parejas de macho y hembra. Pero los seres humanos fueron creados a la imagen de Dios (*Gn.* 1:26) con su alma eterna (*Gn.* 2:7); de ahí que un mero apareamiento no llenara sus necesidades emocionales y espirituales. Es por ello que Dios dispuso que el hombre y la mujer fueran más que una simple pareja de distinto sexo; tenía que ser una pareja que se complementara mutuamente. Aquí yace el secreto de un matrimonio feliz. Si el impulso sexual es lo único que dos personas tienen en común, su relación será siempre inadecuada y poco más satisfactoria que la relación entre animales. Para que reine la verdadera felicidad matrimonial, el esposo y la esposa deben esmerarse para lograr que sus diferencias mentales, espirituales, emocionales y físicas se conjuguen en una relación de perfecta armonía.

Una pareja enamorada nace a la vida matrimonial. Debido a sus naturales diferencias, —que al correr de los días se notan cada vez más— se crea una situación conflictiva en su otrora excelente relación. Si no aprenden a resolver estos conflictos, su amor se verá reemplazado por la hostilidad y la animadversión, reduciendo al mínimo las probabilidades de una felicidad conyugal.

El doctor M. R. DeHaan, que en vida fue maestro de un curso bíblico y doctor en medicina, afirmó que "Lo más parecido al cielo en la tierra es una familia cristiana y el hogar donde el marido y la esposa, los niños y los padres viven en amor y en paz, todos juntos sirviendo al Señor y los unos a los otros. Y lo más parecido al infierno en la tierra, es un hogar impío, destrozado por el pecado y la iniquidad, donde los padres tienen violentos altercados, pelean y se separan, y los hijos son abandonados al demonio y a todas las fuerzas de la maldad".[1]

El hogar medio americano del día de hoy, es el responsable de la mayoría de los casos de perturbación emocional. Los niños, en lugar de sentirse protegidos por el sólido basamento del amor entre sus padres, sufren el trauma provocado por la hostilidad, el odio y la animosidad que existe entre las dos personas que más quieren en el mundo: su madre y su padre: De esta hostilidad nacen los temores y la inseguridad emocional que acompañan a los hijos por el resto de sus vidas.

Muy distinto es lo que Dios planeó para la vida hogareña. Quiere que el hogar sea un puerto de amor donde el marido, la esposa y los hijos vivan con una sensación de seguridad y un sentimiento de buena acogida. En medio de la turbulenta violencia que reina fuera del hogar, todos necesitan un sitio en el mundo donde puedan estar rodeados de paz y amor. Y Dios instituyó al hogar justamente como el sitio de la seguridad emocional. Todos los que se casan aspiran a esa clase de hogar, pero un hogar feliz *no se instala porque sí no más.* Es la resultante de dos factores: adecuada adaptación del uno con el otro y aplicación en la vida diaria de los principios del matrimonio bosquejados por Dios en la Biblia.

Los principios sostenidos en las páginas siguientes, condensan un largo período de investigación, después de haber aconsejado a centenares de parejas antes y después del matrimonio. Hemos visto "milagros" en las vidas de parejas que decidieron ajustar sus vidas a esos principios. Y estas parejas han logrado alcanzar la tan ansiada felicidad conyugal.

Numerosas parejas, después de recibir consejos en conversaciones prenupciales o por haber solicitado ayuda para solucionar sus problemas matrimoniales, han expresado que "hubiéramos ansiado que estas instrucciones estuvieran impresas para poderlas llevar con nosotros y estudiarlas juntos". Sus deseos se ven cumplidos en este libro. Nuestra oración es que Dios lo utilice para ayudar a muchas parejas a adaptarse, a llenar su hogar de cálido amor y comprensión y poder ser "casados pero felices".

M. R. DeHaan, THE CHRISTIAN HOME (El Hogar Cristiano), Grand Rapids, Radio Bible Class (Curso Bíblico Radial de Grand Rapids).

El es todo lo que ella desearía ser, y ella es lo que él, secretamente, quisiera ser.

CAPITULO 1
LOS POLOS OPUESTOS
SE ATRAEN

"¿En razón de qué motivos se casan personas como nosotros?" preguntó una señora cristiana después de trece años de vida matrimonial. ¡Nos resulta imposible superar los problemas creados por nuestra incompatibilidad de caracteres! Tanto mi esposo como yo nos sentimos a nuestras anchas en compañía de otras personas, pero no bien quedamos solos, aflora lo peor de cada uno". Por supuesto que este es un ejemplo extremo entre los matrimonios que hemos aconsejado, pero sirve para consolidar nuestro convencimiento de que las personalidades opuestas se atraen.

para comprender las causas que generan esta mutua atracción debemos conocer previamente cuáles son los factores que intervienen para que las personas sean diferentes. Se han sugerido varios: medio ambiente, formación, nacionalidad, educación, etcétera. Efectivamente, estos factores ejercen su influencia para determinar nuestras diferencias, pero también lo hace nuestro temperamento heredado. En nuestro libro SPIRIT-CONTROLLED TEMPERAMENT[1] nos ocupamos de los cuatro temperamentos básicos de la gente, analizando en detalle sus puntos fuertes y sus debilidades. Haremos una descripción resumida de los cuatro temperamentos a los fines de mostrar porqué los polos opuestos se atraen.

¡El estudio del temperamento humano es fascinante! Entre otras cosas, el temperamento incluye la combinación de rasgos connaturales es decir propios a la naturaleza del ser viviente, que en forma subconsciente afectan el comportamiento de las personas. Estos rasgos, transmitidos por los genes, abarcan inteligencia, raza, sexo y numerosos otros factores. La disposición de los rasgos temperamentales emana de cuatro tipos básicos. La mayoría de nosotros conformamos una mezcla de temperamentos con características provenientes tanto de nuestros padres como de nuestros abuelos. Habitualmente en todo individuo predomina un tipo de temperamento, pero siempre se hallarán indicios de uno o dos de los otros tipos. Los extrovertidos son predominantemente sanguíneos o coléricos en su temperamento, mientras que los introvertidos son predominantemente melancólicos o flemáticos.

EL TEMPERAMENTO SANGUINEO

La persona de temperamento *sanguíneo* es cálida, alegre, vivaz. Es naturalmente receptivo, y las impresiones externas llegan fácilmente a su corazón. Toma sus decisiones impelido por sus emociones y no por sus reflexiones. Disfruta de la gente, no le gusta la soledad y se siente en el mejor de los mundos cuando está rodeado de sus amigos, donde es "el alma de la fiesta". Tiene un repertorio interminable de historias interesantes que dramatiza al contar, por lo cual resulta un favorito tanto de los niños como de los adultos y su presencia es siempre bienvenida en fiestas y tertulias sociales.

El señor Sanguíneo nunca tiene problemas por no saber qué decir. Con frecuencia habla antes de pensar, pero su franca sinceridad desarma a sus oyentes, que lo acompañan en su buen humor. Su manera de ser sin ataduras, aparentemente excitante y extrovertida, provoca la envidia de los tipos temperamentalmente más tímidos.

La forma ruidosa, jactanciosa y amistosa con que actúa lo hace aparecer más seguro de lo que realmente es, pero su energía y cariñosa disposición le permiten sortear los escabrosos obstáculos de la vida. La gente que lo rodea está dispuesta a excusar sus debilidades diciendo que "esa es su forma de ser".

El mundo sale ganando con esta gente sanguínea jovial y agradable. Triunfan como vendedores, como empleados de hospital, como maestros, como charlistas, como actores, como oradores y como líderes. El señor Sanguíneo lleva en sí la posibilidad de triunfar, pero muy a menudo fracasa en sus intenciones. Su debilidad de carácter lo torna ineficaz e irresponsable. Tiene la tendencia a ser inquieto, indisciplinado, ególatra y emocionalmente explosivo.

EL TEMPERAMENTO COLERICO

El temperamento *colérico* se deja ver en la persona fogosa, de genio vivo, activa, práctica, de voluntad recia. Tiende a ser autosuficiente, independiente, terminante y porfiado; le resulta fácil tomar decisiones tanto para sí como para los demás.

El señor Colérico prospera en la actividad. En realidad, para él "la vida es actividad". No necesita ser estimulado, y más bien sirve de estímulo a los que le rodean con su interminable dosis de ideas, planes y ambiciones. Su permanente actividad no se pierde en el vacío, puesto que tiene una mente aguda y penetrante que le permite tomar decisiones instantáneas y también planear excelentes proyectos de largo alcance. No vacila bajo la presión de lo que puedan pensar los otros. Se define claramente sobre un tema y se le ve a menudo actuando como cruzado de una gran causa social.

Rara vez lo asustan las adversidades; más bien lo estimulan. Posee una tenaz determinación y muchas veces el éxito le sonríe donde otros fracasan, no porque sus planes fueran mejores que los de ellos, sino porque prosigue empecinadamente la puja cuando los otros se han desanimado y han abandonado el esfuerzo. Si alguna verdad hay en el adagio de que "los líderes nacen, no se hacen", entonces el señor Colérico es un líder nato.

La naturaleza emocional del señor Colérico es la parte menos desarrollada de su temperamento. No simpatiza fácilmente con los demás ni muestra o expresa compasión por nadie. Más bien se siente molesto o disgustado ante las lágrimas ajenas. Aprecia poquísimo las artes, porque su interés principal descansa sobre los valores utilitarios de la vida.

Es rápido para reconocer las oportunidades e igualmente rápido para diagnosticar la mejor manera de aprovecharlas. Si bien cuenta con una mente bien organizada, le aburren los detalles. No es dado al análisis sino, más bien, a rápidas y casi intuitivas estimaciones; de ahí que tenga la tendencia a mirar hacia la meta tras la cual va corriendo sin fijarse en los hoyos u obstáculos que pudiera haber en su camino. Una vez que ha comenzado su carrera en busca de la meta, atropella sin miramientos derribando a los que se opongan a su paso. Tiene la tendencia a ser dominante y es por ello que a veces se lo considera un oportunista.

Muchos de los grandes generales y líderes de la historia han sido coléricos. Hacen buenos ejecutivos, hombres de ideas, productores, dictadores o criminales, según hayan sido sus normas morales. Al igual que el señor Sanguíneo, el individuo colérico es un extrovertido, pero no al grado del anterior.

Sus debilidades hacen que sea muy difícil vivir con él porque suele ser de carácter levantisco, cruel, impetuoso y autosuficiente. Las personas poseedoras de este temperamento suelen ser más apreciadas por sus amigos que por los miembros de su familia.

EL TEMPERAMENTO MELANCOLICO

El "temperamento negro" caracteriza al *melancólico*. El melancólico es un perfeccionista analítico con tendencia al autosacrificio y emocionalmente hipersensible. Nadie como él para apreciar las artes.

Inclinado por naturaleza a ser introvertido, su humor es cambiante porque habitualmente lo dominan sus emociones. A veces su disposición de ánimo lo lleva hasta el éxtasis y lo hace actuar como un extrovertido. Pero en otras ocasiones anda triste y deprimido y, durante esos períodos, se retrae y se vuelve antagónico.

El señor Melancolía es un amigo fiel, pero a diferencia del señor Sanguíneo, le cuesta hacer amigos. No toma la iniciativa para saludar a la gente y espera más bien que sean las otras personas las que lo busquen a él. Tal vez sea el de conducta más responsable de todos los tipos temperamentales, porque sus tendencias perfeccionistas no le permiten desentenderse de sus obligaciones o dejar librados a su albur a los que dependen de él. Su natural retraimiento no debe interpretarse como que no aprecia a la gente; todo lo contrario, no sólo las aprecia sino que anhela ser querido por ellas. Pero algunos desengaños que pueda haber experimentado lo hacen renuente a tomar a las personas por lo que son; por eso se muestra desconfiado cuando las personas se le aproximan o cuando lo llenan de atenciones.

Su excepcional capacidad analítica le permite diagnosticar con toda precisión los obstáculos o peligros que pudiese hacer en cualquier proyecto en cuya planificación haya intervenido. Esta perspicacia contrasta radicalmente con la persona colérica que raramente se toma el trabajo de meditar con anticipación en los problemas o dificultades que pudieran presentarse, sino que confía en su capacidad para habérselas con cualquier problema que se plantee. Esta característica hace que el melancólico se muestre indeciso para iniciar algún nuevo proyecto o provoque un conflicto con los que quieren hacerlo. Ocasionalmente, cuando está en una de sus venas de éxtasis emocional o de inspiración, puede producir una gran obra de arte o una acción genial, seguido, a menudo, de períodos de gran depresión.

El señor Melancolía encuentra sentido a su vida a través del sacrificio personal. Pareciera que siente el placer de estar triste, y con frecuencia elige una difícil vocación que entrañe un gran sacrificio personal. Una vez tomada la decisión, tiende a ser concienzudo y persistente en la prosecución de su objetivo, y es casi seguro que lo hará a la perfección.

El melancólico incrementa su gran potencial natural cuando el Espíritu Santo lo vigoriza. Pertenecen al grupo de los melancólicos muchos de los grandes artistas, músicos, inventores, filósofos, educadores y teóricos en general.

Son numerosas las debilidades del melancólico: tiende a ser egocéntrico, sensible, pesimista, crítico, taciturno y vengativo. Este temperamento ha producido la mayor parte de los genios de la humanidad y también algunos de los individuos más despreciables, dependiendo, en cada caso, de si la persona puso énfasis en su reciedumbre o fue dominado por sus debilidades. Les resulta más difícil que a otros adaptarse emocionalmente a la vida y cuando sus debilidades lo abruman son presa de complejos de persecución, de complejos de culpa exagerados, de depresión, hipocondría, temores infundados y hostilidad.

EL TEMPERAMENTO FLEMATICO

El de temperamento *flemático* es calmo, sereno, lento, suave y equilibrado. La vida, para el flemático, resulta una experiencia feliz y sin peripecias, durante la cual procura no verse envuelto en los problemas de los demás.

Muy pocas veces se irrita el señor Flemático, y es rara la vez que da rienda suelta a su enojo o a su alegría. Es el único de los cuatro tipos temperamentales que es consistente en su constancia. Bajo su personalidad serena, reticente, algo tímida, se esconden notables capacidades. Siente con más intensidad las emociones de lo que aparece a simple vista y tiene la aptitud de apreciar las artes y las cosas hermosas de la vida.

En razón de que disfruta de la compañía de las personas, al señor Flemático no le faltan los amigos. Posee un raro sentido del humor que, al aplicarlo, puede provocar risotadas en una tertulia, mientras él permanece impasible sin esbozar siquiera una sonrisa. Tiene desarrollada al extremo la capacidad de captar lo humorístico en otros y en las cosas que hacen. Su mente retentiva lo hace un excelente imitador y goza en hacer objeto de sus chanzas a los otros tipos temperamentales. Molesto por los raptos de entusiasmo inútiles y sin sentido del sanguíneo, le enrostra la futilidad de tal entusiasmo. Le disgusta la triste disposición de ánimo del melancólico y procura ridiculizarlo. Le encanta echar un balde de agua fría sobre los fabulosos planes y ambiciones del colérico.

Tiene la tendencia a ser un espectador en la vida y procura no verse envuelto en las actividades de los demás. Y si al final alguien lo convence y logra que haga cosas que lo saquen de su rutina diaria, lo hace a disgusto. Ello no significa que no comprenda la necesidad de la acción o las dificultades de los demás. Tanto él como el señor Colérico ven con toda claridad la misma injusticia social, pero sus respuestas serán totalmente diferentes. El espíritu de caballero cruzado del colérico lo moverá a decir: " ¡Designemos una comisión para organizar una campaña y hagamos algo para mejorar esta situación! " El señor Flemático diría, más bien: " ¡Qué condiciones espantosas! ¿Por qué alguien no hace algo al respecto? "

Habitualmente el señor Flemático es una persona simpática y de buen corazón, pero rara vez revela sus verdaderos sentimientos. No busca espontáneamente el liderato, pero cuando las circunstancias se lo imponen resulta un excelente líder porque ejerce un efecto conciliador sobre los demás y es por naturaleza un pacificador.

El mundo ha salido beneficiado por la presencia del benévolo y eficiente flemático. Hace un buen diplomático, contador, maestro, líder, científico y sobresale en cualquier tarea que requiera meticulosidad.

La principal debilidad del flemático, que le impide realizarse en la medida de sus posibilidades potenciales, es su falta de motivación, su pereza. Satisfecho con observar a los otros, moviéndose en el proscenio de la vida, los hace objeto de sus pullas como un medio de autoprotección o simplemente para conservar sus energías. Además es terco, indeciso y medroso.

Resulta fácil vivir en su compañía, pero su forma de ser descuidada y demasiado tranquila puede ser un factor de irritación para un socio, un compañero o un cónyuge más agresivo. Los flemáticos suelen ser buenos compañeros de sus hijos; le resulta fácil suspender lo que está haciendo para jugar con los niños, cosa imposible de hacer a los temperamentos más activos. Más de un marido emprendedor dirá de su esposa flemática: "Como esposa y madre es maravillosa, pero como ama de casa es pésima". A la inversa, el ama de casa perfecta, puede dejar mucho que desear como madre. Le gustaría suspender lo que está haciendo para jugar con los niños, pero hay que lustrar el piso, hay que lavar la ropa, hay que... Las reacciones subconscientes, a las cambiantes situaciones de la vida, forman parte de nuestro temperamento.

El temperamento juega un papel importantísimo en este estudio de la felicidad matrimonial, porque ayuda a explicar porqué las personas son diferentes. Además ofrece una clave al interrogante del porqué los polos opuestos se atraen.

PORQUE SE ATRAEN LOS POLOS OPUESTOS

La mente subconsciente ejerce sobre nosotros una influencia mayor de lo que la gente imagina. Esto se comprueba de manera gráfica por la forma en que habitualmente elegimos nuestros amigos y, particularmente, al que habrá de ser el compañero o compañera de nuestras vidas. El sanguíneo vocinglero, gregario, extrovertido, subconscientemente quisiera ejercer un mayor control sobre su persona. Cuando vuelve de una fiesta, se siente secretamente avergonzado por su charla interminable y por haber monopolizado la conversación. El flemático o el melancólico suave y callado, piensan subconscientemente: "Ojalá fuera desembozado y expresivo". Es fácil ver que estos tipos de condiciones tan opuestas, muestren un interés recíproco cuando se encuentran. El es todo lo que ella desearía ser, y ella es lo que él, secretamente, quisiera ser. Este principio se muestra activo, subconscientemente, cuando llega el momento de elegir la persona con quién casarse. En realidad, ningún temperamento —aparte del suyo propio— le está vedado a una persona. Lo importante es recalcar que las personas se sienten atraídas recíprocamente, en base a la fuerza y pujanza positiva que ven en la otra; pero a cada fuerza natural se contrapone su correspondiente debilidad.

LAS DEBILIDADES APARECEN DESPUES

La mayoría de las parejas están tan enamoradas, que antes del matrimonio ven solamente los aspectos positivos de la otra persona. Pero después que pasa la novedad del casamiento, afloran las debilidades de cada uno, y no hay ser humano que no las tenga. Estas debilidades exigen un período de adaptación, es decir, aprender a vivir con las debilidades del compañero. Es de suma importancia que la pareja casada cuente con la ayuda del Espíritu Santo, para poder tener "mansedumbre, paciencia, benignidad" mientras se adaptan a estas debilidades. Pero además de eso, el Espíritu Santo ayuda a transformar las debilidades en atributos positivos. *Gálatas* 5:22-23 señala nueve características que están a disposición del cristiano que tiene la plenitud del Espíritu Santo:[2] una fuerza por cada debilidad natural. Un cristiano lleno del Espíritu Santo disfruta más de su casamiento, porque utiliza la ayuda del Espíritu Santo para sobreponerse a sus debilidades; logra así hacerse menos odioso a su compañero. Por añadidura, el Espíritu Santo le da la gracia necesaria para disfrutar de la vida disimulando las debilidades del otro.

Conflictos de personalidad

Los *conflictos de la personalidad* son en realidad debilidades conflictivas y pudieran denominarse *conflictos temperamentales*. Son debilidades de un miembro de la pareja que irritan las debilidades del otro. Veamos algunos ejemplos que hemos hallado al aconsejar a numerosos matrimonios.

La manera de ser descuidada del señor Sanguíneo y sus proyectos inconclusos crean un grave conflicto en su melancólica, perfeccionista y minuciosa esposa. Cuando llega tarde de una reunión de vendedores y su esposa ha esperado dos horas con la comida lista, le resulta difícil "perdonar y olvidar" su falta de consideración. Después de algunos años se cansa de sus inventadas excusas y descuidado manejo de la verdad, por decir lo menos. Sus versiones no son ni por lejos tan interesantes como las de él, ¡pero al menos son auténticas!

El señor Colérico dedica toda su actividad mental a mejorar su posición económica, y su esposa se siente abandonada. No se da cuenta que antes de casarse ella era su proyecto, y que se dio íntegramente, en un 100 por ciento, como lo hace con todo, para alcanzar la meta de casarse con ella. Ahora que el "proyecto matrimonio" ha sido ejecutado, se lanza a la segunda etapa de su plan, es decir, mantenerla. Si ella es descuidada, le irrita su desorganización y la castiga con crueles y sarcásticas palabras. Ahora ve su manera de ser amable y calmosa —como pensaba de ella antes del casamiento— como "haraganería y falta de motivación".

La señora Melancolía cae con frecuencia en un estado de mal humor a poco de haber contraído matrimonio. La natural relajación después de la tensa y excitante espera de su casamiento, puede llevarla a un período de depresión. Si su marido se muestra impaciente y frustrado, se ensimisma en el silencio, la hipocondría o el llanto. Su hipersensibilidad le crea la sospecha de que "ha dejado de amarme". Cuando su perfeccionismo se ve motivado por los quehaceres domésticos, mantiene su casa en un estado tal de limpieza, que rara vez su marido puede sentirse a sus anchas. Se trastorna si él pone sus pies sobre la mesita del café o deja tiradas sus medias. Una de sus grandes tentaciones es "tragarse" todas sus frustraciones, hasta que finalmente "explotan" o se manifiestan síntomas de nerviosismo, úlceras u otras enfermedades.

La falta de motivación del señor Flemático llega a ser una verdadera cruz para su compañera. Es el tipo casero por excelencia, y puede volverse realmente molesto a menos que haga algo, aunque no sea más que por consideración a su esposa. Sin embargo, puede comenzar una actividad "nada más que por satisfacer a su esposa" y antes de darse cuenta se está divirtiendo de lo lindo. Se muestra habilidoso haciendo reparaciones en la casa, si ella logra que lo haga. Una madre colérica que conocimos, le dio un sabio consejo a su colérica hija casada con un marido flemático: "Shirley, cuando logres que ande, no lo dejes parar". Un compañero flemático es menos inclinado a la generosidad que el sanguíneo, y este factor, añadido a su silenciosa testadurez, puede crear un gran resentimiento y frustración.

Haciendo frente a los conflictos

¡Las diferencias en el matrimonio no son necesariamente fatales! Los desacuerdos no significan una amenaza para el matrimonio; es la forma en que actúa la pareja la que determina el éxito o el fracaso del matrimonio. Muchas parejas que hoy se llevan bien tuvieron que soportar al comienzo serios conflictos temperamentales.

Las siguientes sugerencias puede ser de ayuda para los necesarios reajustes.

1. Cuando sintamos frustración, resentimiento u otra forma de hostilidad, detengámonos y echemos una mirada objetiva a las causas que las provocan.

2. Debemos orar por el problema. En primer lugar confesemos nuestro pecado por haber contristado al Espíritu Santo (*Ef*. 4:30-32). Nuestra felicidad no depende del comportamiento del cónyuge. Después de reconocer que nuestra hostilidad y encono interior constituyen un pecado y que lo hemos confesado como tal (1 *Juan* 1:9), pidámosle a Dios que nos llene

del Espíritu Santo (*Lc.* 11:13), luego caminemos en el Espíritu (*Ga.* 5:16). En segundo lugar oremos por las actitudes del cónyuge, pidiéndole a Dios que lo ayude a ver sus propios defectos y que nos dirija al discutir el problema.

3. Hablemos con el cónyuge sobre su falta. Esto hay que hacerlo siempre "en amor" (*Ef.* 4:15). Elijamos un momento propicio de tranquilidad, cuando podamos compartir objetivamente nuestros sentimientos sin permitir que la emoción nos domine. Nunca hablemos airadamente, y brindemos el tiempo necesario para que pueda pensar en lo que hemos dicho. Después, dejemos el problema en las manos del Espíritu Santo.

4. Pidámosle a Dios, el dador del amor, que nos llene de amor por el cónyuge, para que podamos amarle genuinamente a pesar de sus debilidades. No miremos a sus debilidades sino a sus fuerzas y agradezcámosle a Dios por ello (1 *Ts.* 5:18).

5. ¡Olvidémonos de los errores y pecados pasados! "Olvidando ciertamente lo que queda atrás, y extendiéndome a lo que está delante, prosigo a la meta, al premio del supremo llamamiento de Dios en Cristo Jesús" (*Fil.* 3:13b-14).

Si seguimos siempre este procedimiento, hallaremos que nuestras reacciones a las acciones del cónyuge serán guiadas por el Espíritu Santo y aumentará nuestro amor que tendrá la virtud de cubrir, como con una mano de pintura, multitud de debilidades.

---

1. Tim F. LaHaye, "SPIRIT-CONTROLLED TEMPERAMENT" (Temperamento controlado por el Espíritu), Wheaton, Illinois, Tyndale House Publishers, 1967. (Próximo a publicarse en español por Editorial Libertador, Maracaibo, Venezuela).

2. Véase Apéndice A para saber lo que significa ser lleno del Espíritu.

¿Quiere que su esposa le trate como a un rey?
Trátela como a una reina.

CAPITULO 2
RENUNCIAMIENTO

"No vamos a tener hijos por lo menos durante los dos primeros años. De esta manera tendremos tiempo de adaptarnos uno al otro, antes de aprender a adaptarnos a los niños". Esta es la respuesta que recibimos la mayoría de las veces cuando, en nuestra función de consejeros prenupciales, formulamos la pregunta: "¿Qué piensan hacer con respecto a formar una familia?" La respuesta indica que casi todas las parejas saben perfectamente bien que hay un período llamado "período de adaptación", y que dura, por lo general, tres años. Una encuesta reveló que siete de cada diez divorcios ocurrieron en los primeros tres años del matrimonio. Muchos matrimonios felices reconocen que si bien los tres primeros años fueron de alegría y bendición, también lo fueron de sobrellevar duras experiencias de adaptación.

La mayoría de los consejeros matrimoniales reconocen tres áreas básicas de adaptación matrimonial: mental, física y espiritual. Y para que el matrimonio progrese sin asperezas, cada una de esas áreas debe ser motivo de adaptación. Si representáramos gráficamente al matrimonio con la figura de un círculo, cada una de las tres áreas de adaptación ocuparía alrededor de un tercio de la relación total. Si bien reconocemos que la edad de la pareja al casarse y los años que llevan de casados son factores que hacen que un área adquiera mayor jerarquía que otra, al final de una larga vida matrimonial se arriba a la conclusión de que las tres áreas tienen el mismo valor. Cuando la edad de los cónyuges oscila entre los 20 y los 30 años de edad, lo físico puede predominar sobre las otras; entre los 30 y los 40 lo mental predomina sobre lo físico y espiritual; y de los 40 en adelante, lo espiritual predomina sobre los otros dos.

Las tres áreas de adaptación son siempre interdependientes. No es habitual que la pareja haya logrado una buena adaptación física, si paralelamente ha descuidado la adaptación mental. Hemos conocido parejas cuya dificultad en adaptarse mentalmente condujo a una inadaptación física, pero en razón de su firme relación espiritual —por fe en Cristo— lograron reajustar sus vidas mental y físicamente. Potencialmente el área espiritual es la más importante y por su mayor jerarquía debe ejercer su influencia sobre las otras dos.

Debido a la gran significación de estas tres áreas de adaptación hemos de referirnos a ellas separadamente en sucesivos capítulos, comenzando con el área de adaptación mental.

La adaptación mental en el matrimonio, si bien es, generalmente, la más compleja, ofrece una excitante oportunidad para que dos personas logren conocerse a fondo entre ellas. En razón de que las personas tienden a mostras sus mejores galas durante el noviazgo, la mayoría de las parejas casadas se ven enfrentadas a una ardua tarea de adaptación mental. Esta área de adaptación deja al descubierto las diferencias de formación, y abarca toda una gama de experiencias que requieren una reeducación.

Durante el período de adaptación física la pareja comienza el aprendizaje de una disciplina totalmente nueva. De igual manera, en el campo espiritual, pueden aprender —por medio del estudio de la Palabra de Dios —una nueva relación entre ellos y Dios. Pero en la esfera mental, cada uno, durante 20 o más años, tuvieron que adaptarse a otras personas, de acuerdo a sus propias pautas. Ahora llegan al matrimonio, con todo lo que ello significa de nuevas responsabilidades y sometidos a las naturales presiones que nacen de su estado actual, y descubren que sus pautas de adaptación a ciertas experiencias, entran en conflicto con las de su cónyuge. Por lo tanto, debemos tomar nota de la regla de oro de la adaptación mental según la establece San Pablo en *Filipenses* 2:3-4:

Nada hagáis por contienda o por vanagloria; antes bien con humildad, estimando cada uno a los demás como superiores a él mismo; no mirando cada uno por lo suyo propio, sino cada cual también por lo de los otros.

Tomando la determinación, ante Dios, de actuar con un verdadero espíritu de renunciamiento, buscando la felicidad del cónyuge, tal cual lo enseñan estos versículos, no podremos menos que intentar adaptarnos a las numerosas facetas que conforman la vida matrimonial. Analizaremos cinco de los problemas que más frecuentemente se plantean en la tarea de adaptación mental.

FINANZAS

La adaptación financiera es tal vez la más difícil, debido, en parte a que la mayoría de las parejas han dependido de sus padres. La situación tiende a complicarse hoy en día por el hecho de que ambos trabajan. Si la mujer ha trabajado antes del matrimonio y siempre tuvo su propia cuenta bancaria, es natural que quiera seguir teniéndola. Si debe trabajar para ayudar a su esposo a terminar su carrera, es probable que asuma el papel de ser "la que gana el pan" y mire despectivamente a su esposo, en lugar de considerar que el esfuerzo de ella es una inversión en la vocación de su vida, una inversión que, a la larga, pagará suculentos dividendos.

¿Quién debe administrar el dinero?

La respuesta a esta pregunta va mucho más allá que a una simple cuestión monetaria. Dios ha dejado claramente sentado en su Palabra que el hombre debe ser la cabeza del hogar. El cumplimiento de este principio lleva a la felicidad; su violación produce dolor. Nunca he conocido un marido dominado feliz ni una esposa dominadora feliz. Dios no habría exigido a la mujer someterse a su esposo si no hubiera sido por su bien. Una mujer nunca será permanentemente feliz a menos que esté sometida a su esposo.

¿Por qué es importante este principio cuando se lo relaciona con las finanzas? Sencillamente por el principio de que quien maneja la cartera gobierna a la familia. Es notable el hecho de que el tesorero de cualquier organización se siente poseído de una desmesurada sensación de poder. Y esto es particularmente cierto en la familia. Nada tiene que ver que la esposa sea una hábil tenedora de libros y el esposo un brillante matemático. Es el marido quien debe manejar las finanzas, particularmente en los siete o diez primeros años.

Esto no quiere decir, de ninguna manera, que a la esposa le está vedada toda ingerencia en esta área. La pareja puede proyectar un presupuesto que destine a la esposa una cantidad dada para comprar los alimentos, gastos generales del hogar, sus necesidades personales varias, y todo aquello sobre lo cual se pongan de acuerdo. El marido será quien pague las cuentas y controle los saldos bancarios, siendo el responsable de toda la estructura económica. No deberían tener cuentas bancarias separadas; si la esposa trabaja debe ingresar su sueldo a la cuenta familiar. Las compras grandes tales como muebles, artículos del hogar, automóviles, *etcétera*, deben ser decididas de común acuerdo. En toda ocasión en que uno de los cónyuges se oponga a una inversión en particular, será mucho mejor esperar hasta que los dos estén de acuerdo, antes de desafiar los sentimientos del otro en la materia.

La esposa que trabaja

Cada día que pasa aumenta el número de mujeres que trabajan. Muchas parejas jóvenes piensan que son motivos más que suficientes para que la mujer trabaje el comenzar con holgura su vida matrimonial, ahorrar suficiente dinero para hacer la entrega inicial para la compra de su casa o ayudar a su esposo a terminar su carrera universitaria. Esta decisión debería regir únicamente hasta que comiencen a venir los hijos; hay ciertos riesgos, cuando la mujer trabaja, que es bueno tener en cuenta.

El principal peligro es que la mujer dispone de su dinero propio, lo cual le da una sensación de independencia y autosuficiencia que Dios no quiso que tuviera. Este sentimiento hace aún más difícil adaptarse a su marido en las primeras fases de su matrimonio. Estamos convencidos que una de las razones por la cual tantos matrimonios jóvenes se divorcian en el día de hoy es que la esposa no está bajo la dependencia económica de su marido; cuando surgen dificultades y se pone tensa la situación, ella puede decir, como nos lo dijo una joven señora: "¡Yo no tengo porqué soportar esto; puedo vivir por mi cuenta!" Siempre recomendamos que haya una sola cuenta bancaria, y que la esposa que trabaja retenga de su sueldo solamente lo que requiera para sus necesidades personales y los gastos del hogar. El matrimonio es un albur que corren juntos dos personas que viven como si fuera uno. No son dos distintas corporaciones dedicadas al comercio que tienen su sede en un mismo edificio.

El segundo peligro que entraña el hecho de que la mujer trabaje es que se demora demasiado el advenimiento de los hijos. Si hemos de esperar hasta contar con los recursos suficientes, antes de tener hijos, es más que probable que nunca los tengamos. Los hijos constituyen una fuente tan grande de riqueza y bendición en una familia, que las jóvenes parejas deberían tenerlos lo más pronto posible y actuar de acuerdo a ello; de lo contrario se engañan a sí mismos y pierden la bendición de la paternidad, desobedeciendo el mandamiento de Dios, quien ordenó: ". . . fructificad y multiplicaos; llenad la tierra. . ." (*Gn*. 1:28).

Uno de los más agudos problemas que afectan a muchos matrimonios es que, a las pocas semanas de haber contraído enlace, se encuentran hundidos en deudas. El esfuerzo financiero provoca tensiones y temores, lo cual crea un nuevo e innecesario obstáculo para una adecuada adaptación. Hay que evitar las compras movidas por un impulso, y reducirse a lo absolutamente indispensable. Alguien ha sugerido que las cuotas mensuales nunca deben sobrepasar al diez por ciento de las entradas de la pareja, aparte de las cuotas del automóvil y de la casa. El deseo innato de la mujer de poseer muchas cosas es muy importante en las primeras etapas del matrimonio; inconscientemente puede empujar a su marido a superarse al máximo en un esfuerzo por satisfacerla. Debe evitar cuidadosamente toda comparación con el hogar de su padre y el pequeño apartamento y frugales condiciones de vida con que ha iniciado su matrimonio. Debemos recordar que los padres han contado con veinte o más años para acumular las posesiones de que gozan y debemos pensar, más bien, que a su debido tiempo también las tendremos nosotros. La paciencia de la esposa y su alegre adaptación sobre la capacidad financiera de su esposo son la mejor inversión a largo plazo para garantizar la felicidad matrimonial.

Responsabilidad económica

Charlie W. Shedd describió lo que sería un programa económico responsable para una pareja cristiana en su *"Letters to Karen"*, *(Cartas a Karen)* (su hija), publicadas en el *Reader's Digest (Selecciones)*, de enero del año 1966, al establecer el siguiente lema: " ¡Da el diez por ciento, ahorra el diez por ciento, y el resto gástalo con alabanza y acción de gracias! "

Como pareja cristiana, lo primero que hay que hacer es asegurarse el favor divino sobre la economía familiar, de acuerdo a *Malaquías* 3:3-11, dando el diez por ciento de las entradas. Literalmente podemos lograr más, económicamente, con el 90 por ciento y la bendición de

Dios, que con el 100 por ciento sin la bendición de Dios. Nunca hemos conocido una pareja que no fuera bendecida por dar el diezmo. ". . . probadme ahora en esto, dice Jehová de los ejércitos, si no os abriré las ventanas de los cielos, y derramaré sobre vosotros bendición hasta que sobreabunde" (*Malaquías* 3:10).

Ahorrando el segundo diez por ciento, podremos pagar al contado algunos de los items que necesitamos sin tener que pagar elevados intereses y soportar la presión de los pagos de las cuotas. Si no aplicamos estos dos principios al comienzo de nuestra vida matrimonial será muy difícil que lo hagamos después. Sin embargo, no es imposible. Demos gracias a Dios entregando el diezmo y confiemos en su dirección en nuestros problemas económicos. El nunca falla.

RELACIONES SOCIALES

La vida social es otra de las áreas importantes que exigen adaptación mental. Dios creó a los seres humanos para que tengan comunión con El y para que la tengan los unos a los otros. Sin embargo, hallaremos que las diferencias en los gustos y en las aversiones sociales —que ni siquiera soñamos que existían— aparecen después del casamiento. Un marido entusiasta del deporte y su mujer, amante de la música, sostuvieron el siguiente diálogo un año después de su casamiento. El preguntó: "¿Por qué te niegas a ir conmigo a presenciar los partidos de fútbol como hacías antes? " Ella respondió: "Porque no entiendo el juego y no me gusta". Exasperado el marido le contestó: "El que no entiende soy yo. Cuando estábamos de novios nunca te negaste cuando te invité a presenciar un partido y me pareció que te divertías". La respuesta de la señora es muy ilustrativa: "Oh, eso se comprende muy fácilmente. Disfrutaba tanto en tu compañía que no me importaba dónde iba". Ella, a su vez, preguntó: "¿Por qué no me llevas más a los conciertos como lo hacías cuando éramos novios?" A lo cual él respondió: "¡No soporto la música clásica!"

De pronto los dos se dieron cuenta que durante su noviazgo el amor que se tenían anestesió sus diferencias culturales. La emoción y el placer de estar juntos les permitió disfrutar de cosas por las cuales no sentían ninguna inclinación. Cosas por el estilo les ocurrirán a casi todas las parejas en distintas áreas de su vida social, después del casamiento. Haciendo frente a sus diferencias en *honra, prefiriéndose el uno al otro*, esa pareja llegó a un acuerdo, por el cual la esposa acompañaría a su esposo a los espectáculos deportivos y el marido llevaría a su esposa a los conciertos musicales. Armándose de paciencia la esposa aprendió el significado de las distintas jugadas y en la actualidad es una entusiasta del fútbol. A su vez, el marido aprecia mejor la música clásica de tal manera que un concierto ha dejado de ser una "tortura" para él. Todos estamos sujetos a posibles cambios, y muchas veces nuestros gustos y aversiones tienen como única base algún prejuicio o una desdichada experiencia anterior. Siendo, como somos, seres de hábitos adquiridos, podemos cultivar gustos y aversiones si nos lanzamos entusiastamente a hacer algo "por el amor de".

La importancia de los amigos

Tarde o temprano toda pareja busca la compañía de otras parejas. Pronto descubren que los amigos del esposo y las amigas de la esposa tienen diferentes intereses y distintos horarios de manera que, eventualmente, a menos que esos amigos también se casen, buscan otros amigos y compañeros.

Los amigos ejercen una gran influencia sobre nosotros, sobre todo si alternamos con ellos socialmente. Por lo tanto es de la máxima importancia que los cristianos busquemos entre los cristianos a los que han de ser nuestros íntimos amigos. Además tendremos también otra clase de amigos. Pidásmole al Espíritu Santo que nos ayude a mostrarles el camino a Cristo. Pero tener amigos cristianos es una verdadera necesidad, porque nos ayudarán a crecer en nuestra fe.

El mejor lugar para encontrar compañerismo cristiano es la iglesia. Tomemos parte activa en la escuela dominical y participemos de los grupos de matrimonios de nuestra edad. Brindemos nuestro hogar para agasajar a otras parejas y seamos amigos de ellos. El principio de que "quien quiere amigos debe mostrarse amigable" reza también para las parejas matrimoniales. Una cosa que hay que tener muy en cuenta es que la vida social no cesa con el casamiento. Por supuesto que nuestra vida social no será el torbellino que era cuando, como solteros, cortejábamos al futuro cónyuge, debido a que ahora nuestro dinero lo gastamos en menesteres más permanentes. A pesar de ello, necesitamos del esparcimiento, de vez en cuando, saliendo juntos del hogar. Esta es otra área en la cual la adaptación debe hacerse por medio de la comunicación y con el máximo de consideración.

FAMILIA

Es muy importante la relación que tengamos

con la familia de nuestro cónyuge. Ocasionalmente los padres del cónyuge constituyen una pareja ideal y jamás tendremos problemas con ellos. Pero, sin duda alguna, esa es la excepción y no la regla. La mayoría de los padres hallan difícil no inmiscuirse en la vida de sus hijos, aún cuando saben que no debieran hacerlo. La pareja debe vivir separada de sus padres, pero actuar para con ellos con el máximo respeto. Es comprensible que los padres ofrezcan sus consejos, luego de veinte o más años de experiencia, y las parejas jóvenes suelen rebelarse contra esa actitud al grado de rechazar algún buen consejo, simplemente porque lo dieron los padres.

Generalmente los padres de uno no son tan odiosos como los padres del cónyuge. Pero eso es porque uno conoce mejor a sus propios padres. Muchas veces las sugerencias de los suegros parecieran expresar desaprobación o enjuiciamiento, cuando en realidad fueron hechas con la mejor de las intenciones.

Podemos darnos el lujo, sin correr riesgo alguno, de ser considerados y atentos con los suegros. Después de todo, fueron muchos los años y el dinero que gastaron alistando a nuestro compañero o a nuestra compañera. Lo menos que podemos hacer es tratarlos con dignidad y respeto. Evitemos expresar conceptos negativos sobre los padres de nuestro cónyuge; si es indispensable decirles que están interfiriendo demasiado en nuestro matrimonio, que sea el hijo o la hija quien lo diga. Lo más conveniente es que el esposo y la esposa lo hagan en conjunto, pero la voz cantante debe llevarla la voz de la sangre.

Siendo tan fuerte, como lo es, el instinto maternal, las madres sufren más al perder a sus hijos que los padres al perder a sus hijas. Una esposa amante debe hacer todo lo posible para comprender ese hecho, y no poner a su esposo en la difícil situación de tener que escoger entre dos lealtades: su esposa o su madre. Obrando con inteligencia y con amor, la esposa puede ayudar al esposo a mantener sin tensiones sus sentimientos hacia sus padres, particularmente hacia su madre. Esta actitud comprensiva beneficiará también a la esposa. Puede darse el lujo de ser generosa en esta área. Tiene ahora a su esposo y lo tendrá para ella por mucho más tiempo que lo que lo tuvo su madre y, además, tiene una relación con él que jamás podrá ser compartida con otra mujer, incluso su propia madre.

El esposo debe cuidarse de hacer comparaciones entre su esposa y su madre. Es injusto comparar la habilidad de la joven esposa para planchar, cocinar y hacer los quehaceres domésticos en general, con la de una mujer que le lleva más de veinte años de experiencia. Incurrir en comparaciones odiosas de esta clase creará hostilidad y desencadenará conflictos entre las dos mujeres más importantes en la vida del esposo.

Las dificultades que se plantean en las relaciones familiares deben ser motivo para conversar sobre ello con todo cuidado y amor. Es posible, con la ayuda de Dios, disfrutar de excelentes relaciones con los padres políticos, lo cual a su vez, enriquecerá el matrimonio.

APARIENCIA

Todos conocemos los comentarios jocosos que se hacen sobre las recién casadas que vienen a la mesa "con el cabello desgreñado, los ojos con sueño y la cara lavada" en la primera mañana después del casamiento. ¡Pero no es para tomarlo a broma! Si bien la apariencia no es todo, tiene su importancia. La Biblia nos dice que "el hombre mira lo que está delante de sus ojos, pero Jehová mira el corazón" (1 *S.* 16:7). Considerando que el cónyuge es humano, él o ella mirarán "lo que está delante de sus ojos". Es importante, por lo tanto, que no contemos con nuestra acta de casamiento como una excusa para descuidar nuestro aspecto exterior.

De no haber sido limpios y aseados, jamás hubiéramos atraído a la persona objeto de nuestro amor. Debemos ayudar a mantener vivo el amor del cónyuge, acicalándonos tantas veces como sea posible y necesario. No sea que tenga que avergonzarse cuando nos presenta a sus amistades.

Los hombres tienen la tendencia natural a abandonarse un poco los días de asueto, y no se afeitan. Una mirada al espejo lo convencerá de que su aspecto deja mucho que desear. Generalmente es el egoísmo lo que induce al hombre a no afeitarse justamente el día en que más tiempo dispondrá para estar con la esposa, simplemente por no molestarse un poco.

Después de la luna de miel, la esposa debería acostumbrarse, como un ritual, a dedicar la media hora antes de que su esposo vuelva del trabajo, a mejorar su apariencia. Su retorno al hogar debería ser el punto culminante de su día, y si planifica bien su actividad, al llegar el esposo al hogar la verá tan aseada y radiante como cuando eran novios. Este cuidado personal es particularmente necesario hoy en día cuando ambos trabajan. Una hojeada en cualquier oficina, nos permite ver que las mujeres tratan de mantener su mejor aspecto durante las ocho horas que trabajan con los maridos de otras mujeres. Si una mujer se abandona, se coloca en inferioridad de condiciones en comparación con estas mujeres; y si lo hace es por seguir la vía de menor resistencia, que es una forma de egoísmo.

El tener hijos no es excusa válida para estar desgreñadas. ¡Mantengamos nuestro atractivo!

CORTESIA

La cortesía y los buenos modales constituyen una finura que debería ser parte de la vida cristiana, pero pareciera que en nuestra civilización moderna es una bizarría que tiende a desaparecer. La cortesía es algo que los padres enseñan a sus hijos y algo que una muchacha tiene el derecho de exigir de su novio. El mejor momento para discutir nuestras diferencias a este respecto es antes del casamiento. Los malos modales en la mesa y la falta de una elemental cortesía pueden ser causa de gran irritación.

Cuando mi madre insistía en que nunca dejáramos de usar una camisa a la hora de comer, que no pusiéramos los codos sobre la mesa, que dijéramos gracias cuando nos alcanzaban algo y tuviéramos buenos modales los unos para con los otros, solía decir: "Nunca estarán en mejor compañía que la que tienen ahora". Estaré siempre agradecido por su insistencia sobre estos detalles, porque me casé con una mujer a quien le encantan la cortesía y la urbanidad, y me inclino a creer que a todas las mujeres les gusta lo mismo.

A la mujer le gusta que la traten como a una dama; es por ello que el marido deberá cuidarse muy bien de no abandonar la práctica de darle a su esposa un "trato preferencial" después de casados. Es un marido inteligente el que abre las puertas para dejar pasar a su esposa, aún la del automóvil, y la trata, en general, como un caballero debiera tratar a una dama. De hacerlo así habrá hecho una buena inversión en pro de su felicidad y dignidad, con el resultado inmediato de que su esposa lo amará más aún. Desde el momento en que el amor engendra amor, esta es una de las mejores inversiones que se pueden hacer en el matrimonio.

Al participar de una conferencia familiar en una iglesia en el Estado de Arizona, adelantamos la información de que a la noche siguiente les explicaríamos a los hombres "cómo hacer para que la esposa los tratara como a un rey. Por rara coincidencia, esa noche la iglesia estaba colmada de familias. Nuestro consejo sorprendió a no pocos de los hombres, debido a su simplicidad: "Trátenla como a una reina".

Una de las prácticas casi inexcusables en el matrimonio es la de deslealtad. Creo que todos hemos escuchado en alguna reunión social que un hombre o una señora ha criticado o puesto en ridículo a su cónyuge en presencia de amigos comunes. Esta horrible costumbre es practicada por personas que parecieran no poder comunicarse con sus cónyuges en privado, y buscan la seguridad y apoyo del grupo para dar rienda suelta a su ira contenida. Es una de las prácticas más dañosas que se pueden esgrimir en detrimento del cónyuge.

Nunca, en ningún caso, debemos ventilar los defectos, debilidades o deficiencias del cónyuge, en presencia de terceros. Nunca lo critiquemos ante nuestros amigos o parientes. Si estamos desconformes con el comportamiento del cónyuge es un asunto determinado. hay solamente dos seres con quien compartir nuestra preocupación: Dios y nuestro cónyuge. Pero generalmente la réplica defensiva es que "tengo que contarle a alguien mi problema". Efectivamente, como cristianos, tenemos a quien llevarle nuestros problemas: nuestro Padre celestial. Luego, en oración y bajo la dirección del Espíritu Santo, hablemos del problema con nuestro cónyuge.

Si a pesar de todo esto no resulta, llevemos nuestro asunto a consideración de nuestro pastor o consejero.

Una espléndida madre cristiana, cuya hija se había casado con uno de los mejores jóvenes de nuestra iglesia, vino a vernos cierto día. Estaba preocupada por el sentimiento de animosidad y amargura que tenía hacia su yerno y se le hacía cada vez más difícil tratarlo con cortesía. A poco de hablar con ella y con su hija, logramos establecer la causa. Dos semanas después de volver de la luna de miel tuvieron una pelea. La hija llamó a la madre para contarle toda la historia. Esa noche al volver el marido le pidió disculpas a la esposa por la forma dura y desconsiderada con que la había tratado, y tuvieron una de esas maravillosas reconciliaciones que tanto unen a los matrimonios.

Pocas semanas después tuvieron otro altercado, y nuevamente llamó a la madre para descargar en ella su turbado corazón. Sin darse cuenta llamaba a la madre era únicamente para contarle sus penurias y problemas; nunca la llamaba para referirle sus tiernos momentos de reconciliación. En consecuencia, después de algunos meses la madre conocía solamente un lado de la historia de sus relaciones. No es de extrañar que pensara de su yerno en términos de "bestia iracunda". De ahí en más, al compartir con su madre los momentos gozosos de su matrimonio, murió el resentimiento que la madre sentía hacia su yerno.

No hay que criticar al cónyuge, frente a otros, por dos razones. En primer lugar, porque si hacemos de nuestros rencores y congojas el tema de una eterna cantilena, los grabamos de manera indeleble en nuestras mentes. Y en segundo lugar, porque uno de los impulsos básicos del hombre es que sus actos cuenten con la aprobación de los demás. Nada hay más atentatorio contra ese impulso que descubrir que el cónyuge ha sido desleal al grado de criticarlo en presencia de terceros. Si fuere necesario se puede consultar al pastor o a un consejero profesional, pero nunca discutir la situación con ningún otro.

ESTAR DISPUESTOS AL CAMBIO

La mayoría de las decisiones espontáneas que tomamos, así como los prejuicios que llevamos a cuestas, nacen de nuestra formación. Pero la formación no es el factor que determinará si las decisiones fueron bien o mal tomadas y si los prejuicios son positivos o negativos. Hemos conocido hombres que —en razón del trato que el padre le dio a la madre— rehusan satisfacer los deseos de sus esposas en el sentido de ser más caballerosos y comedidos. Nada tiene que ver lo uno con lo otro. Simplemente porque su padre cometió una serie de errores a lo largo de su vida, no justifica que el hijo los reedite. Por lo tanto, cuantas veces discutamos con nuestro cónyuge sobre los necesarios reajustes mentales de nuestro matrimonio, tengamos siempre en cuenta que las normas o preceptos que resultan de nuestra formación, pueden ser erróneos. Hay otras formas de hacer las cosas. Recordemos que una de las características del amor es que "no busca lo suyo. . ." (1 *Co.* 13:5).

El proceso de adaptación en el matrimonio es una apasionante experiencia que nos permite mejorar nuestro carácter si sabemos aprovechar los aspectos positivos del temperamento y de la formación del cónyuge. Debemos estar dispuestos tanto a ceder como a dar. No opongamos resistencia a un cambio en nuestro comportamiento para el cual la Escritura ha fijado una norma. Seamos objetivos en cuanto a las diferencias que existen entre nosotros y nuestro cónyuge, porque de la misma manera que quisiéramos que cambie en algunas áreas de su personalidad, tiene derecho a esperar un cambio similar de nuestra parte. Afortunadamente el cambio es una parte natural de la vida. Hemos constatado la observación feliz y positiva de que muchos de nuestros "gustos" de hoy nos "disgustaban" diez años atrás. Demos a nuestro cónyuge la oportunidad necesaria de adaptación y comprobaremos que el tiempo hará de imán para atraer a dos personas que no son egoístas.

El culto familiar provee medios de comunicación únicos en su género. Las personas pueden
decir cosas y compartir aflicciones, en oración,
que les sería imposible realizar en otro nivel. El
orar juntos tiene la virtud de amoldar a dos
personas uniéndolas con lazos de amor indisolubles.

El hombre es un ser intensamente espiritual.
A medida que avanza en edad más comprueba
la veracidad de este aserto. Dijo Pascal, el físico
y filósofo: "Hay un vacío con la forma de Dios
en el corazón de cada hombre, que no puede ser
satisfecho por nada creado, sino solamente por
Dios el Creador, a quien se conoce por medio
de Jesucristo". Este vacío se llena cuando se
invita a Jesucristo a formar parte de la vida de
la persona, como Señor y Salvador. Y es debido
a la presencia de Jesucristo que las personas
pueden tener comunión con Dios, comunión
que enriquecerá todas las áreas de sus vidas.

Gálatas 5:22 describe cómo actúa el Espíritu
de Dios en la vida de un cristiano. A medida
que el cristiano se somete cada vez más al Espíritu de Dios, aumenta su amor, gozo, paz,
paciencia, benignidad, bondad, fe, mansedumbre y templanza. Jesús señaló el principio universal de que las personas cosechan lo que han

sembrado; de ahí que el amor (o cualesquiera otros de los atributos) si se lo brinda generosamente, le será revertido con creces al que lo brindó. De esto se desprende, por consiguiente, que la pareja que da y recibe atributos espirituales gozará de una vida matrimonial plena de satisfacciones.

Estamos persuadidos de que el área espiritual es la más importante de las áreas de adaptación matrimonial. Nadie puede esperar una adaptación física satisfactoria sin una previa adaptación mental. Los mecanismos mentales son tan intrincados y complejos que su reajuste crea problemas de muy difícil solución, amén de nuestro egoísmo, que suma un obstáculo más a todo intento de adaptación. Pero hemos observado que una rica vida espiritual facilita notoriamente las adaptaciones mentales. La Biblia no ha perdido su vigencia como el mejor manual de comportamiento humano, y en tanto el hombre y la mujer mantengan su relación con el Dios de la Biblia y con su Palabra, hallarán los principios que los guiarán hacia la ansiada adaptación mental.

Proponemos cinco prácticas que ayudan a la adaptación espiritual, que no podemos ignorar si queremos que nuestra vida matrimonial sea una aventura apasionante.

COMPORTAMIENTO CRISTIANO CONSECUENTE

Nosotros somos la clave de la vida espiritual de nuestro matrimonio. El Dr. Henry Brandt, psicólogo cristiano, señala que los padres adecuados tuvieron que ser antes cónyuges adecuados, y, previo a ello, personas adecuadas. De ahí se desprende que un comportamiento cristiano consecuente en el hogar es la clave para la adaptación espiritual. Somos lo que somos en el hogar. No pasa mucho tiempo antes que el cónyuge descubra cómo somos exactamente. Si no somos consecuentes en nuestra relación con Dios, no podremos contar con un adecuado punto de vista espiritual que nos permita realizar nuestros ajustes mentales o físicos.

Las grandes tensiones no cambian a las personas; simplemente las muestran como son. Las tensiones en la intimidad de la vida hogareña hacen aflorar reacciones inimaginadas. Y estas reacciones son las que nos muestran exactamente como somos. Por ejemplo, si tenemos la tendencia a "estallar", o gritar, o llorar cuando estamos preocupados o bajo los efectos de una gran tensión, la situación creada no es tan importante como lo es nuestro fracaso a reaccionar de una manera cristiana. Dios nos dice: "Bástate mi gracia". Las reacciones egoístas hablan bien a las claras de que no estamos utilizando esta gracia que Dios nos ofrece. Por ejemplo, supongamos que nuestro cónyuge nos diga algo mordaz o hiriente; si en lugar de recibir la ofensa con afabilidad, respondemos con palabras ásperas, cometemos un pecado. También lo ha cometido el cónyuge, pero nosotros no somos responsables por sus pecados; por los nuestros respondemos ante Dios.

Para *actuar* como en el fondo quisiéramos hacerlo, y no reducirnos a *reaccionar* ante una situación, no busquemos excusas a nuestro comportamiento, sea cual haya sido la provocación. Vayamos a Dios y confesémosle nuestro pecado, pidiéndole que nos dé un espíritu amable. A continuación reconozcamos nuestras duras palabras e inadecuado comportamiento a nuestro cónyuge, para que nuestra conciencia se tranquilice. Mucha gente se siente turbada de noche, porque las ásperas palabras vuelven a su mente como fantasmas. Las faltas y debilidades inconfesadas se acumulan al grado de que la persona siente, no solamente un fracaso temporario, sino que es un fracasado. Hasta pierde su dignidad como persona. La persona que reconoce que cada una de sus faltas es un pecado y gana el perdón de Dios (1 *Juan* 1:9) no tendrá que lidiar con una conciencia que lo persigue y lo acusa. Todo aquel que hace frente a la situación y confiesa su pecado —y le pide a Dios que lo ayude— hallará que hay un remedio para ello. Recordemos la promesa de Dios en 1 *Corintios* 10:13: "Recuerden esto: los malos deseos que los acometen no son nada nuevo ni diferentes. Muchos otros, antes que ustedes, han debido afrontar los mismos problemas. Y no hay tentación que sea irresistible. Pueden confiar en Dios que no permitirá que la tentación sea tan fuerte que no la puedan aguantar, porque esto es lo que El ha prometido, y El siempre cumple con lo que promete. El les mostrará cómo escabullirse del poder de la tentación, de modo que puedan salir airosos de la prueba" (Parafrasis traducida del *Living New Testament* —Nuevo Testamento viviente).

Si no reaccionamos ante las duras y ásperas palabras del cónyuge ¿no corremos el riesgo de que se aproveche de nosotros? Generalmente no. La Biblia afirma que una "blanda respuesta quita la ira" (*Pr.* 15:1). Hacen falta dos para sostener una discusión; si nos rehusamos a participar de ella no habrá discusión posible. Muchos dolores se evitarían en la familias si uno de los miembros respondiera a la dirección de Dios en lugar de responder a sus propios impulsos egoístas. Esta ilustración es tan solo una de las numerosas áreas en las cuales un accionar consecuente en concordancia con los principios de

Dios, abrirá las puertas para una feliz adaptación matrimonial.

Ser consecuentes en el hogar es de suma importancia. No es condición *sine qua non* que las personas deban ser perfectas para merecer el respeto de su cónyuge, pero el actuar piadosamente en la iglesia y todo lo contrario en el hogar, invalidará el respeto.

La falta de consecuencia se hace más pronunciada cuando llegan los hijos. Luego de años de observación hemos llegado a la conclusión de que los mejores miembros de nuestra iglesia provienen de hogares cristianos consagrados o de hogares no cristianos. Como regla general, los hogares cristianos mediocres no producen jóvenes cristianos consagrados. ¿Cómo se explica este fenómeno? La explicación está dada por la inconsecuencia. La inconsecuencia es una de las formas de la hipocresía. El hijo cuyos padres no pretenden ser cristianos ni religiosos, puede comprender el comportamiento de sus padres, porque no son cristianos. Por el contrario, el joven que ve a sus padres ocupando cargos directivos en la iglesia local y luego los oye alborotando y peleando entre ellos en el hogar, hallará muy difícil respetar su doblez. Así se entiende que es imperativo que el cristiano busque y siga diariamente la dirección de Dios. Pensando, hablando y actuando de conformidad a sus creencias, garantizará la paz emocional y un comportamiento coherente.

Vida devota personal

El vacío espiritual del hombre es llenado por el Espíritu Santo cuando acepta lo que Dios ha provisto para su alma: Jesucristo. Jesús dijo: "Yo soy el camino, y la verdad, y la vida; nadie viene al Padre, sino por mí" (*Juan* 14:6). La vida espiritual de la persona comienza cuando le pide a Jesucristo que dirija su vida. Y también, entonces, tiene acceso a la ayuda y dirección de Dios, y este nuevo elemento espiritual en su vida lleva implícito un potencial tan formidable para el cambio personal, que la Biblia dice que la persona "nace de nuevo". Las personas nacen la primera vez al nacer físicamente. Y nacen una segunda vez cuando aceptan la vida espiritual por medio de Jesucristo. Cuidar la vida espiritual es tan importante como cuidar la vida física. Dios quiere que todas las personas crezcan en la gracia y en el conocimiento del Señor Jesús, y este crecimiento se obtiene solamente por medio de la Palabra de Dios. De la misma manera que una persona alimenta su cuerpo tres veces por día, veintiuna veces a la semana (sintiendo o no la necesidad imperiosa de hacerlo), así debe alimentar su alma. Y el alimento necesario es la Palabra de Dios. Aunque no sea más de cinco a veinte minutos diarios de lectura de la Biblia y meditación de la Palabra de Dios, ayudará a vivir una vida cristiana en correspondencia lógica con los principios que profesa.

NUESTRA VIDA EN LA IGLESIA

La iglesia es la primera imagen mental que aparece cuando se piensa en el área espiritual de la vida. Y eso es debido a que se olvida que la espiritualidad es una intensa relación individual con Dios, y que si bien esta relación no depende exclusivamente de la iglesia, la iglesia es de gran ayuda. Dios quiere que la gente se reúna para compartir su fe y adorarle. La iglesia debería ayudar al crecimiento de los cristianos facilitándoles el estudio de la Biblia, estimulándolos a la diaria lectura y oración, y brindándoles la oportunidad de servir y ayudar a otras personas.

Hallar la iglesia que más convenga a la familia resulta fácil a las jóvenes parejas que se han criado en una misma iglesia. Pero si hubieran crecido en distintas iglesias o, luego de su casamiento, se mudan a otro sitio, es necesario que encuentren una iglesia en la cual los dos se sientan a sus anchas y puedan ser entusiastas y activos participantes. Cada pareja debería pesar cuidadosamente qué es lo que quieren dar y qué es lo que quieren recibir de su iglesia. Cuando una pareja asiste a una iglesia como al acaso, corre el riesgo de sufrir una gran desilusión.

Qué cosas hay que buscar en la iglesia

El ochenta y cinco por ciento de las personas que se han incorporado a nuestra iglesia vinieron por primera vez porque alguien los invitó. Nunca falta un amigo que recomiende una iglesia; pero la recomendación no es una razón muy valedera para incorporarse a una iglesia. En la elección de una iglesia juega un papel importante el sentimentalismo y la lealtad. La iglesia para la familia es tan importante, que no debiera ser elegida por razones sentimentales o emocionales, sino en base a razonamientos espirituales. Antes de unirnos a una iglesia, donde nuestros niños habrán de recibir gran parte de su adiestramiento espiritual, verifiquemos si llena los siguientes requisitos básicos:

1. ¿Enseñan la Biblia? ¿Predica la Biblia el pastor? El material de la Escuela Dominical ¿está basado en la Biblia? ¿Se reúne la feligresía todas las semanas para orar y estudiar la Biblia? Si las respuestas fueran negativas sería mejor cambiar de denominación —siempre que al hacerlo no violáramos nuestras convicciones

doctrinarias— y buscar una iglesia que enseñe la Biblia. No debemos empecinarnos en permanecer en nuestra denominación si ello significa descuidar un sólido ministerio bíblico.

2. ¿Es preocupación de la iglesia el que otras personas encuentren salvación en Jesucristo? ¿Formula con frecuencia una invitación al final del culto y ocasionalmente realiza campañas evangelísticas? ¿Insiste con vehemencia en que los miembros deben disponer del tiempo necesario para realizar visitaciones entre los miembros de la comunidad?

3. ¿Es una iglesia con vocación misionera? Una iglesia a la que no le preocupa enviar misioneros pronto llegará ser, ella misma, propicio campo misionero. Verifiquemos cuándo fue la última vez que salió un misionero de esa congregación, en el entendimiento, por supuesto, de que no sea una iglesia nueva.

SERVICIO Y TESTIMONIO CRISTIANO

Un cristiano en crecimiento querrá servir a Cristo. "¿O ignoráis que vuestro cuerpo es templo del Espíritu Santo, el cual está en vosotros, el cual tenéis de Dios y que no sois vuestros? Porque habéis sido comprados por precio; glorificad, pues, a Dios en vuestro cuerpo y en vuestro espíritu, los cuales son de Dios" (1 *Co.* 6:19, 20). Muchos jóvenes recién casados se ven tan envueltos en cada uno y en la adquisición de artículos para el hogar, que descuidan el servicio cristiano. Ocurre a menudo que el grupo de matrimonios jóvenes es el menos espiritual de todos los grupos adultos de una iglesia, pese a contar entre ellos a muchos jóvenes que se han criado en la iglesia, y ello se debe a que no han colocado a Cristo en primer lugar en sus vidas (*Mt*. 6:33).

La iglesia provee una excelente oportunidad para servir a Cristo. Lo podemos hacer como maestros de escuela dominical, o trabajando en la liga juvenil, o en el programa de visitación. Como todo lo demás en la vida cristiana, nos beneficiamos con lo que hacemos para Cristo. Más de una persona nos ha dicho: "Pastor, desde que enseño en la escuela dominical, he aprendido mucho más de la Biblia que en todos sus sermones". El servicio cristiano sirve de motivación para estudiar la Palabra de Dios (2 *Ti*. 2:15) que, a su vez, nos edifica en la vida cristiana.

Aparte de servir en la iglesia, Jesucristo quiere utilizarnos como testigos: la esposa en la comunidad entre otras esposas y vecinos, los maridos entre los hombres con quienes alterna en su trabajo y entre los hombres del vecindario. Fijémonos la obligación de compartir nuestra fe con otros. Nada hay que encienda tanto fervor espiritual como el compartir la fe con algún otro. El Señor Jesucristo dijo que los cristianos son sus testigos para testificar sus bondades (*Hch*. 1:8). Muchas vidas vacías necesitan del testimonio dinámico de una pareja cristiana consagrada.

EL CULTO FAMILIAR

El altar familiar ejerce una influencia poderosísima en el hogar. La pareja que al unirse ya tiene experiencia adquirida en la oración, conoce perfectamente el valor y los servicios de un tiempo de oración. Sin embargo, aún en el caso de que uno o ambos cónyuges sean inexpertos en la oración, el lugar ideal para aprender es, justamente, el hogar. Además el culto familiar es también el mejor sitio para que los niños aprendan a orar. Es muy probable que el Señor haya tenido en mente la unidad de la familia cuando prometió que: "Si dos de vosotros se pusieren de acuerdo en la tierra acerca de cualquier cosa que pidieren, les será hecho por mi padre que está en los cielos. Porque donde están dos o tres congregados en mi nombre, allí estoy yo en medio de ellos" (*Mt*. 18:19-20).

El culto familiar no es una experiencia etérea o misteriosa, sino una cuestión muy simple y muy práctica: leer la Biblia y orar con miembros de la familia. En contraste con el elevado número de divorcios, las estadísticas muestran que el culto familiar acerca a los miembros de la familia en amor y comprensión. Según la encuesta sobre matrimonios cristianos realizada por el Dr. Pitirim Sorokin, de la Universidad de Harvard, "en las familias donde se observa la práctica del estudio de la Biblia y de la oración, hay solamente un caso de divorcio en cada 1015 matrimonios". Pareciera que además de haber sido prácticamente eliminado el divorcio en las familias que practican el culto familiar, gran parte del dolor y de las desdichas que acompañan a los matrimonios en el día de hoy, están ausentes de sus hogares.

Cómo practicar el culto familiar

Ofrecemos las siguientes sugerencias para hacer que el culto familiar sea una experiencia de gran significación.

1. Fijar un horario determinado para la devoción familiar y no permitirse ninguna excepción, a menos que medie una causa de fuerza mayor. Una vez fijado el horario —sea a la mañana o a la noche— no interrumpirlo nunca, con lo cual se crea un hábito. No interesa que

haya visitas en el hogar. Lo ideal es que el culto familiar comience la noche del casamiento, pero nunca es tarde para empezar.

2. Leer un pasaje de la Escritura y comentarlo siguiendo los dictados de nuestra inspiración. Antes del nacimiento de los hijos un capítulo por día es una cuota ideal. Cuando lleguen los hijos tal vez sea mejor leer menos y explicarles lo que se ha leído.

3. Elevar una oración tanto el marido como la esposa, y hacer participar a los niños cuando lleguen a una edad en que puedan hacerlo. Si la iglesia a la cual pertenecemos es una iglesia misionera, el culto familiar es un excelente lugar para orar regularmente por nuestros misioneros. La oración familiar debe tener siempre el sello de la acción de gracias y hacer hincapié en favor de aquellos que no pueden orar por sí mismos, tales como los vecinos incrédulos, cristianos que se han echado atrás, los enfermos, como asimismo peticiones a nuestro favor. Oremos sobre cosas específicas, de tal manera que podamos esperar resultados también específicos.

El culto familiar provee medios de comunicación únicos en su género. Las personas pueden decir cosas y compartir aflicciones, en oración, que les sería imposible realizar en otro nivel. El orar juntos tiene la virtud de amoldar a dos personas uniéndolas con lazos de amor indisolubles. La oración unida es también una manera de incrementar y fortalecer el amor con el correr de los años. Un hombre cristiano dio el siguiente testimonio: "Hoy, luego de veintiséis años de casados, soy más que nunca sensible a la emoción de su presencia. Cuando inesperadamente me encuentro con ella en medio de una muchedumbre, siento que desde el fondo de mi ser se eleva una canción. Cuando nuestras miradas se cruzan en público, pareciera mostrarme un cartel con la palabra apropiada de inspiración que necesito en ese momento. . . Todavía me provoca una viva emoción cuando viene presurosa, del lugar donde estuviere, para darme la bienvenida. Y cuando miro al final del camino, veo a un anciano y a una anciana, caminando hacia el ocaso, tenidos de la mano. Y sé, en lo más profundo de mi corazón, que el fin será mejor que el comienzo".[1] Esta experiencia fue posible porque desde el comienzo mismo de su matrimonio, esta pareja, por medio del culto familiar, aprendió a utilizar el "aposento secreto de divina comunión donde dos vidas se ensamblaron en una sagrada unidad".

PERDONAR

Al contraer enlace no lo hacemos con una persona perfecta; ¡tampoco lo ha hecho ella! De ahí que ambos tengamos que perdonarnos nuestros pecados, errores, egoísmos y otras formas de comportamiento desconsiderado. Nunca mantengamos un encono; es una carga demasiado pesada para llevar. Más bien hagamos que nuestro lema sea *Efesios* 4:31-32: "Quítense de vosotros toda amargura, ira, gritería, y maledicencia, y toda malicia. Antes sed benignos unos con otros, misericordiosos, perdonándoos unos a otros, como Dios también os perdonó a vosotros en Cristo". A una persona exigente le será más difícil perdonar que a la persona que no toma las cosas a la tremenda Dios espera que perdonemos. El Señor Jesús no dejó lugar a dudas en cuanto a eso, cuando en *Mateo* 6:14-15 dijo que no podemos esperar que nuestros pecados sean perdonados si no estamos dispuestos a perdonar los pecados de otros. Por lo tanto, el perdonar es una necesidad espiritual. Podemos tener la seguridad más absoluta de que nuestro Padre celestial nos capacitará para hacer lo que nos ha ordenado, es decir, perdonarnos unos a otros sin tener en cuenta la magnitud del pecado cometido.

¡Nunca debemos acostarnos enojados! La Biblia nos dice: ". . . no se ponga el sol sobre vuestro enojo, ni deis lugar al diablo" (*Ef.* 4:26-27). Nuestra buena disposición para perdonar a nuestro cónyuge tendrá efectos positivos tanto en lo personal como en la vida de toda la familia, Seamos nosotros los primeros en perdonar. Nos ayudará a lograr un hogar asentado sobre firmes bases espirituales que, a su vez, enriquecerá todas las otras áreas de nuestro matrimonio.

---

1. Charlie W. Shedd, *"LETTERS TO KAREN"* (Las Cartas para Karen), (Nashville, Tennessee, Abingdon Press). Usado con permiso.

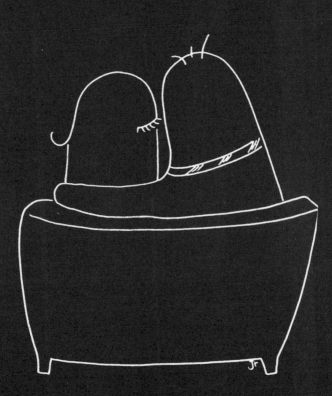

Planeado por Dios para bien del hombre, el acto matrimonial, debe ser considerado como la más sublime expresión de amor entre dos personas.

CAPITULO 4
PLACERES FISICOS

La adaptación física en el matrimonio[1] puede
ser correctamente comparada al afinado instru-
mental necesario para que una orquesta produz-
ca una hermosa y armónica sinfonía. "Hacer lo
que dicta la naturaleza" —según reza el dicho
popular— no garantiza en forma automática
la armonía física de la relación matrimonial.
Los seres humanos son tanto más complejos
en su estructura emocional que los animales,
que su impulso sexual no puede ser tratado
simplemente como una necesidad apremiante
de apareamiento. Si el "acto matrimonial"
—expresión que preferimos al de "acto sexual"—
no está cimentado sobre el amor mutuo y rodeado de un clima de tiernas expresiones de consideración y cariño, nunca podrá ser la armónica
sinfonía emocional que Dios quiere para las
parejas casadas. La discordancia física llevará
inevitablemente a la frustración para uno o
ambos cónyuges.

La falta de mutua armonía en la relación matrimonial no significa obligadamente que el matrimonio está condenado al fracaso. Pero sí quiere decir que hay algo que anda muy mal y que la pareja debería pedir consejo al pastor, o a un médico cristiano o a un consejero. La mayoría de las discordancias del acto matrimonial se deben a tres factores principales: ignorancia, egoísmo o temor.

A la mayoría de las personas se les ha enseñado a ser recatados desde la infancia. Pero muchas veces estas normas de pudor han sido reveladas entre oscurecidas sombras de misterio, que han impedido ver los esplendores de la anatomía humana. En un esfuerzo encaminado a disipar este misterio, trataremos de ser muy francos en nuestra exposición de la relación sexual que existe entre marido y mujer. Ha dicho el Dr. Henry Brandt: "Dios no ha hecho el cuerpo humano con partes buenas y partes malas; lo ha hecho todo bueno". Incluye el aparato reproductor, esa parte de la anatomía humana que a mucha gente no se le ha explicado. Es imperativo que examinemos los siguientes dibujos anatómicos y nos familiaricemos con los nombres y funciones de los diversos órganos de reproducción tanto masculinos como femeninos. Si entendemos con toda claridad cuáles son las funciones de estos órganos, habremos dado un gran paso hacia la adaptación física. Cada órgano aparece designado en la secuencia de su función reproductiva.

ESCROTO O BOLSA ESCROTAL. Es una pequeña bolsa que cuelga entre las piernas del hombre y que contiene los testículos.

TESTICULOS. Organos muy sensibles, en forma de huevo, que elaboran espermatozoides y cuelgan en la bolsa escrotal. Contienen un largo

ORGANOS REPRODUCTORES MASCULINOS [2]

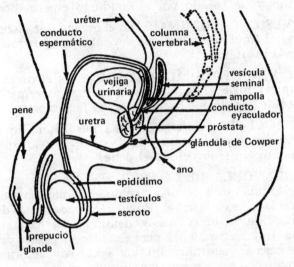

tubo de alrededor de trescientos metros de largo y de un diámetro de alrededor de una cuadrigentésima parte de centímetro, y puede producir quinientos mil espermatozoides por semana.

ESPERMA O ESPERMATOZOIDE. Es la célula sexual masculina elaborada en los testículos; el espermatozoide fecunda el huevo femenino. El espermatozoide contiene el factor genético que determina el sexo de la criatura. En el acto matrimonial es eyaculado a través del pene en la vagina femenina.

EPIDIDIMO. Es un pequeño canal en el escroto donde el esperma, elaborado en los testículos, procede a madurar.

CONDUCTO ESPERMATICO (vaso deferente). Es el conducto que, desde el epidídimo, transporta el esperma hacia la cámara ampular.

CAMARA AMPULAR. Es la cámara en la cual se deposita el esperma que ha salido del epidídimo y ha pasado por el conducto espermático.

VESICULA SEMINAL. Es el órgano que elabora el líquido seminal que lleva el espermatozoide a la próstata.

CONDUCTO EYACULATORIO. Es el órgano que impele al líquido seminal y al espermatozoide por el pene hacia el órgano femenino.

PROSTATA. Es una glándula que elabora líquido seminal adicional y contiene los nervios que controlan la erección del pene.

GLANDULA DE COWPER. Esta es la primera glándula que funciona cuando el hombre es estimulado sexualmente. Envía unas pocas gotas de un líquido lubricante y neutralizante hacia la uretra, preparándola para facilitar el pasaje del esperma, neutralizando los ácidos de la orina que, de no ser por ese líquido, destruirían al espermatozoide.

URETRA. El conducto por el que pasa la orina desde la vejiga al pene. También pasan por la uretra el esperma y el semen desde la próstata al pene.

PENE. Es el órgano sexual masculino por el cual pasan tanto la orina como el esperma. En condiciones habituales el pene es blando, esponjoso, fláccido. Excitado sexualmente se torna pletórico por la súbita afluencia de sangre que recibe y que congestiona los tejidos provocando una erección que estira fuertemente la piel, lo cual hace que el órgano se proyecte hacia adelante y arriba.

GLANDE. Es la cabeza del pene, la parte sensible del órgano, que por la fricción eyacula el esperma y el líquido seminal.

PREPUCIO. Es la prolongación de los tegumentos del pene destinada a cubrir y proteger el glande. En los tiempos modernos y debido a que los hombres usan ropa, se ha generalizado la costumbre de cortar el prepucio en la infancia, por razones higiénicas, a lo cual se da el nombre de circuncisión. El *esmegma* es una substancia que se deposita debajo del prepucio y que da mal olor, por lo cual es preciso lavar el pene diariamente.

AREAS DE SENSIBILIDAD SEXUAL. Los órganos genitales masculinos que consisten en el pene, la bolsa escrotal y el área que la rodea, tienen una excepcional sensibilidad al tacto. Cuando la esposa acaricia esa zona se produce de inmediato una sensación de placer sexual, que rápidamente prepara al esposo para el acto matrimonial.

POLUCIONES NOCTURNAS. Es una perturbadora experiencia para los muchachos que no saben lo que ha ocurrido. Si se despierta y comprueba que sus pijamas están mojados y pegajosos, como si estuvieran como almidonadas, puede alarmarse innecesariamente. Lo que ha sucedido, simplemente, es que se ha elevado la presión debido a la tremenda velocidad con que los testículos elaboran el esperma, los cuales se sensibilizan y se ponen tumefactos. Las vesículas seminales están llenas, a más no poder, de líquido, como también lo está la próstata, de modo que todo su aparato reproductor está listo para estallar. Algunas veces un sueño durante la noche hará que el pene se llene de sangre provocando la erección. Las glándulas de Cowper expelen algunas gotas de líquido neutralizante dentro de la uretra y luego a los músculos eyaculatorios o conductores, y el esperma y los líquidos seminales se unen y salen en chorro a tra-

vés de la uretra y del pene. Estas poluciones
nocturnas se repiten innumerables veces durante
la adolescencia. La permanente elaboración de
esperma y de líquidos seminales hacen que sea el
hombre el agresor en iniciar el acto matrimonial.
Esta agresividad no debe ser considerada solamente como un medio de satisfacer la urgencia
sexual masculina, sino como la culminación del
plan ordenado por Dios de la mutua relación
sexual entre marido y esposa.

El sistema reproductor femenino revela la
ingeniosa y creadora mano de Dios. Los órganos
femeninos son similares y complementarios del
sistema reproductor masculino. Habremos de
comprobar esta notable disposición cuando es-
tudiemos los siguientes órganos y funciones.

OVARIOS. La mujer tiene dos ovarios, uno a
cada lado del abdomen, localizados entre los
huecos de la cadera. Los ovarios corresponden
a los testículos masculinos y elaboran el huevo
femenino. Cuando nace una niña, sus ovarios
contienen miles de pequeños huevos llamados
folículos. Cuando la niña madura, los ovarios
segregan hormonas sexuales que estimulan su
desarrollo. Sus pechos se agrandan y crece el
pelo bajo sus brazos y alrededor de sus órganos
genitales. Se ensanchan sus caderas y aparecen
las típicas curvas femeninas. Con intervalos de
aproximadamente un mes, madura uno de los
folículos hasta alcanzar un diámetro aproximado
de una céntesima parte de centímetro (óvulo),
momento en el cual es depositado por el ovario
en la Trompa de Falopio.

TROMPA DE FALOPIO. Es un tubo que del
ovario lleva el óvulo al útero, traslación que se
hace aproximadamente en setenta y dos horas.
Si el coito se realiza durante este período, es
muy probable que por lo menos uno de los es-

ORGANOS REPRODUCTORES FEMENINOS [3]

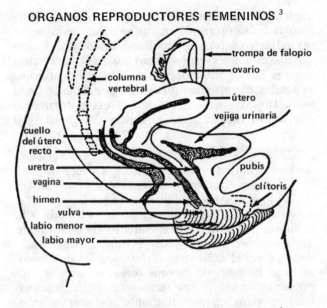

permatozoides activos se abra camino por la vagina y el útero hasta llegar a la Trompa de Falopio donde se unirá con el huevo. En ese preciso instante se concibe la vida. Si el huevo no es fecundado por el espermatozoide en la Trompa de Falopio pasa al útero, donde se disuelve.

UTERO O MATRIZ. Es el lugar donde crece la criatura durante el embarazo. Este órgano en forma de pera se agranda enormemente.

VAGINA. Es el principal órgano sexual femenino, comparable al pene masculino y diseñado para recibirlo. Está formado por tejido muscular blando, y es un pasaje que une el exterior del cuerpo con el útero.

VULVA. Es la abertura exterior de la vagina y contiene varios órganos, entre otros los labios externos o *labia majora*. Estos labios están formados por el mismo tipo de piel gruesa que forman la bolsa escrotal masculina. Bajo excitación sexual estos labios se hinchan y engrosan. Cuando los labios externos están abiertos, permiten ver los labios interiores llamados *labia minora*, delicadas membranas que están por delante de la estructura vulvar. Estos labios están formados por tejido muy similar al tejido del glande del pene.

HIMEN. Es una fina membrana característica de la virginidad, que dificulta y a veces imposibilita la penetración profunda del pene dentro de la vagina. Antes de casarse todas las señoritas deberían consultar a un médico; si el médico lo aconseja y con el consentimiento de ella, puede destruirse el himen para evitar la innecesaria demora en el acto sexual después del casamiento. Si la señorita opone serios reparos a este procedimiento, puede concertarse un examen médico para el día siguiente del casamiento. A veces, el desposado demasiado ansioso, puede provocar dolor físico debido a la presencia del himen. Si bien esto no produce un daño físico permanente, puede dejar una secuela sicológica si la esposa asocia el dolor con la entrada del pene en la vagina. En este caso, su temor impedirá el flujo natural de los líquidos corporales en la vagina y hacer que el acto matrimonial sea doloroso lo cual resulta muy poco satisfactorio, para ambos.

CLITORIS. Es un pequeño órgano colocado inmediatamente por encima de la uretra, cerca de la entrada a la vagina. Habitualmente está encerrado en los repliegues de la piel de la vulva y es similar en su estructura al pene. Bajo la excitación sexual el clítoris responde con la erección y se torna sensible al tacto o al contacto corporal. El manipuleo de este órgano ya sea por el contacto con el pene o con el cuerpo del hombre, provoca el orgasmo femenino. Hay dos clases de orgasmos femeninos: clitórico y vaginal.

AREAS DE SENSIBILIDAD. La mujer tiene más áreas sensibles a la excitación sexual que el hombre. Probablemente sea este el medio por el cual se vale Dios para compensar por el hecho de que es el marido el que habitualmente inicia el acto matrimonial. Siendo que los pechos de la mujer son muy sensibles, las delicadas caricias la ayudan a prepararse para el acto matrimonial. Una vez excitada, sus pezones se endurecen y se proyectan levemente hacia adelante, indicando que responde a la estimulación. Los labios mayores de la vulva se hacen cada vez más sensibles a medida que se agrandan por la excitación. También son áreas de sensibilidad la vagina y principalmente el clítoris. Cuando la mujer despierta a la excitación sexual, varias de sus glándulas comienzan a segregar un líquido lubricante que baña toda el área vulvar y la vagina con un líquido mucoso deslizadizo, que facilita la entrada del pene en la vagina. Esto nada tiene que ver con la fertilidad, pero es la manera de que se vale Dios para hacer que la entrada del pene seco sea una experiencia placentera tanto para el esposo como para la esposa.

ORGASMO. Al clímax del estímulo emocional de la mujer en el acto matrimonial le sigue una gradual declinación de la estimulación sexual, produciéndole una cálida sensación de complacencia y satisfacción. La mujer no eyacula ni expele líquido alguno como el hombre. Por el contrario, él es el instigador y ella la receptora, no sólo del órgano masculino, sino también del esperma. Si bien no es una experiencia de explosión titánica como la del hombre, el orgasmo femenino es igualmente satisfactorio, y algunas sicólogas sostienen que es mayor.

ACTITUD

Esta descripción de los órganos reproductores masculinos y femeninos, nos permiten exponer sobre la actitud. Una autoridad en la materia ha dicho: "La educación sexual es veinte por ciento educación y ochenta por ciento actitud". Es importante la correcta actitud, tanto para el esposo como para la esposa. Antes que nada es preciso reconocer que el acto matrimonial (técnicamente denominado *coito*) es bueno. Así fue planeado por Dios para bien del hombre. Puede ser considerado como la más sublime expresión de amor entre dos personas, siempre y cuando esté reducida a los ámbitos del matrimonio. En razón de los numerosos tabúes que rodean al acto matrimonial durante la adolescencia y los años de noviazgo, ocurre a veces que las muchachas cristianas se resisten a entregarse con entusiasmo a la relación cuando se casan. También ocurre que debido a ideas preconcebidas y falsas sugerencias que llevan implícitas maliciosas connotaciones, se forma una asociación subconsciente de culpa al realizar el acto. En otras ocasiones, una madre o abuela frustrada por una desdichada vida sexual, le previenen el ánimo a la muchacha y puede llevar consigo al lecho nupcial, un secreto sentimiento de terror. Estas actitudes son contrarias al plan de Dios.

Honroso sea en todos el matrimonio, y el lecho sin mancilla; pero a los fornicarios y a los adúlteros, los juzgará Dios (*He.* 13:4).
El marido cumpla con la mujer el deber conyugal, y asimismo la mujer con el marido. La

mujer no tiene potestad sobre su propio cuerpo, sino el marido; ni tampoco el marido tiene potestad sobre su propio cuerpo, sino la mujer. No os neguéis el uno al otro, a no ser por algún tiempo de mutuo consentimiento, para ocuparos sosegadamente en la oración; y volved a juntaros en uno, para que no os tiente Satanás a causa de vuestra incontinencia (1 *Co*. 7:3-5).

Y creó Dios al hombre a su imagen, a imagen de Dios lo creó; varón y hembra los creó. Y los bendijo Dios, y les dijo: Fructificad y multiplicaos; llenad la tierra y sojuzgadla, y señoread en los peces del mar, en las aves de los cielos, y en todas las bestias que se mueven sobre la tierra (*Gn*. 1:27-28).

Como se deja ver en estos pasajes de la Escritura, la única prohibición a la relación sexual, es de que la misma se haga fuera de los límites del matrimonio. Surte con toda claridad que no hay ninguna connotación maliciosa en relación al acto matrimonial, según el texto de *Génesis* 1:28 donde Dios les ordena a Adán y Eva que engendren hijos. Y este mandamiento fue dado antes de que el pecado asomara su horrible rostro (*Gn*. cap. 3).

Feliz de la mujer que ve en el acto matrimonial un medio de demostrar su amor a su esposo y el amor de su esposo hacia ella. En un sentido —que es vital— pueda que sea la única experiencia de la cual puedan gozar los dos sin tener que compartirla con ningún tercero. Si es una buena cocinera, su marido podrá compartir con algunos amigos su arte culinario. Si es una buena cuentista, tendrá que compartir su habilidad con sus amigos. Y lo mismo cabe decir para todas las otras áreas de su vida, como su apariencia, sus modales, su cortesía. Pero el acto matrimonial es único en su género, en el sentido de que es la

única experiencia en la cual excluyen al resto
del mundo.

Diferencias emocionales

La diferencia entre los sistemas reproductores
del esposo y de la esposa deberían erigirse como
un símbolo de la hermosa diferencia de su formación emocional. Si no se capta esta diferencia
—particularmente por parte del hombre—, no se
alcanzará la total satisfacción del trato sexual
que Dios quiso dar tanto al hombre como a la
mujer.

El impulso sexual en el hombre es casi volcá-
nico, podríamos decir, en su latente capacidad
de erupción violenta a la menor provocación. A
diferencia de la mujer, el hombre es estimulado
sexualmente por la vista. No es porque sí no
más que en *Mateo* 5:28, el Señor dijo del hombre: "Pero yo os digo que cualquiera que mira
a una mujer para codiciarla, ya adulteró con
ella en su corazón". Nada parecido dijo con
respecto a la mujer. La razón es clara. La mayoría de las mujeres no tienen el problema de
codiciar a un hombre por el simple hecho de
verlo. Es fácil comprobar que el hombre es
estimulado por la vista, observando los dormitorios de un cuartel del ejército y viendo las figuras colgadas en la pared con mujeres con esca-
sa o ninguna vestimenta. Nunca hemos oído de
una mujer que cuelga de la pared de su dormitorio figuras de hombres desnudos. Es el hombre el que es estimulado por la vista.

La mujer responde a palabras y hechos cariñosos y al suave tacto. También el hombre responde al tacto, pero no tanto como la mujer.
Las emociones de la mujer son menos eruptivas
que las del hombre, pero a la larga son igualmente ardientes. Sus emociones perduran más

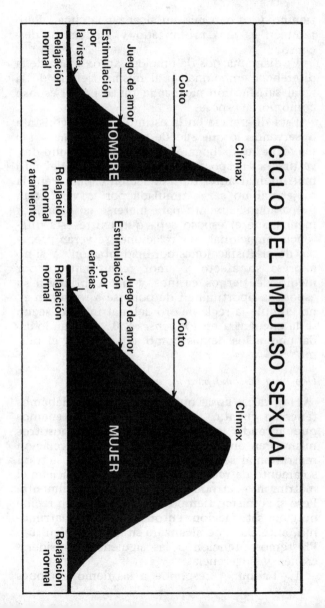

CICLO DEL IMPULSO SEXUAL

HOMBRE

Estimulación por la vista

Juego de amor

Coito

Clímax

Relajación normal

Relajación normal y atamiento

MUJER

Estimulación por caricias

Juego de amor

Coito

Clímax

Relajación normal

Relajación normal

tiempo y tardan más en alcanzar la cima. Pero también es más prolongado y gradual su descenso.

El diagrama nos da una idea aproximada de la diferencia emocional y al mismo tiempo de la igual satisfacción alcanzada tanto por el esposo como por la esposa.

Esta diferencia en la estimulación se constata observando lo que sucede todas las noches en la mayoría de los hogares. El hombre, viendo desvestirse a su esposa, puede estar listo para el acto matrimonial antes de meterse en cama. Pero la mujer, al no ser estimulada por la vista, está preparada solamente para meterse en cama. A menos que el esposo sepa que existe esta diferencia emocional, sus relaciones se verán preñadas de insatisfacciones por inadaptación. Y si no expresa su afecto y amor generosamente por medio de tiernos cariños y no le brinda a su esposa la oportunidad de ponerse a tono con él, no cumple la regla de oro del matrimonio, según se la encuentra en *Filipenses* 2:3 "estimando cada uno a los demás como superiores a él mismo".

Una nota personal para los esposos

Hay varias cosas que, como maridos, debemos tener en cuenta. Una de ellas es que tenemos que aprender a tener dominio sobre nosotros mismos en un esfuerzo para que nuestra relación matrimonial sea rica y significativa. Si se trata solamente de recibir una satisfacción física en el matrimonio, la podemos tener muy fácilmente. Pero si al mismo tiempo nuestra esposa no recibe ninguna satisfacción, entonces nuestro matrimonio, ante Dios, no alcanzará su máxima plenitud. Prestemos atención a las siguientes consideraciones y sugerencias.

1. La mujer responde a las demostraciones

de ternura y a las palabras amables. Comencemos nuestro juego de amor al volver del trabajo, saludando a la esposa con un beso afectuoso. Con varias expresiones de afecto repetidas durante la velada, la esposa se sentirá más dispuesta al acto matrimonial cuando nos acostamos.

2. Observar hábitos higiénicos diarios y aplicarse buenos desodorantes para eliminar los olores corporales.

3. Recordemos que somos los hombres quienes debemos iniciar el acto, debido a nuestro mayor impulso sexual. Habitualmente la mujer no iniciará el trato sexual; lo hará, excepcionalmente, a mitad del mes, durante su período de fertilidad, o inmediatamente antes o después de su período menstrual, momento en que su deseo sexual se exacerba. Ocasionalmente algunas mujeres sienten más el impulso sexual que sus maridos; si bien esto no es lo corriente, ninguna esposa fiel debería asociar esta situación con algo malo. Mantenida esta situación dentro de los vínculos matrimoniales, puede llegar a ser una rica bendición, desde que es generalmente más fácil que una mujer inspire a su marido para el acto matrimonial que viceversa.

4. Abstenerse de utilizar palabras torpes y expresiones que de alguna manera asocien el acto matrimonial con algo sucio. Siempre hay que referirse al mismo con términos edificantes y cariñosos; de esa manera haremos que alcance las elevadas y excelsas alturas que quiso Dios que este acto sagrado alcanzara.

5. Tratemos de llevar a nuestra esposa hasta el orgasmo y no contentarnos con satisfacer nuestros deseos. Si logramos satisfacerla crearemos en ella un mayor deseo por la relación; y así, dando amor, recibiremos amor de vuelta.

6. No debemos apurarnos a retirarnos de nuestra esposa luego de la emocionante consu-

mación del acto matrimonial. El estrecho abrazo que la une a su esposo después del clímax es parte integrante de su satisfacción. Si bien la esposa aprecia estos instantes más que el marido, el esposo puede aprender gradualmente a gozar de la prolongación de la experiencia.

7. Mantengamos abiertas las vías de comunicación con nuestras esposas para hablar libremente sobre estos delicados temas. Una franca comunicación sobre lo que más le gusta a la cónyuge, ayudará a los dos para una buena adaptación física.

Una nota personal a las esposas

La actitud que la mujer demuestre hacia el acto matrimonial será la llave que abra la puerta a la felicidad conyugal. Sorprenderá a las señoras el saber que una deficiente actitud mental hacia el sexo es la principal causa de frigidez entre las mujeres. "De acuerdo a los doctores Willy, Vander y Fisher, autores de la *Encyclopedia of Sex (Enciclopedia del sexo)*, no más de la mitad de las mujeres experimentan, durante el acto sexual un placer *voluptuoso que alcanza la intensidad del orgasmo*".[4] El siquiatra Frank S. Caprio, ha dicho: "La gran cantidad de literatura corriente sobre medicina sicomática ha convencido a la mayoría de los ginecólogos, que deben buscarse las causas de la frigidez en trastornos sicológicos. La prueba de ello radica en el hecho de que los sicoanalistas han logrado curar a mujeres frígidas valiéndose de métodos sicoterápicos. Por un proceso de reeducación, una mujer puede aprender a vencer sus inhibiciones que muy a menudo le impiden llegar al orgasmo sexual".[5]

Analizando la bibliografía sobre este tema, llegamos a la conclusión de que casi un cincuenta por ciento de las mujeres casadas en esta "América sexualmente iluminada" son sexualmente frustradas, y no por causas físicas. Dos de nuestros amigos médicos han confirmado esta conclusión y están de acuerdo en que la actitud de la mujer es el factor más importante para el logro del clímax en el acto matrimonial. Algo anda mal cuando la mujer se ve frustrada en el acto matrimonial. Dios quiso que fuera una experiencia satisfactoria *mutua.* Para ayudarlas a abordar esta importantísima y significativa parte del matrimonio y para que despierten al deseo de corresponder cálidamente a sus cónyuges, será útil considerar las siguientes sugerencias:

1. Deben procurar despojarse de todos los prejuicios preconcebidos o "cuentos de viejas" que les han hecho temer el acto matrimonial, o considerarlo como algo malo. El hecho de que vuestra madre o alguna otra mujer estuvo mal adaptada en el área física del matrimonio, no es motivo para que ustedes perpetúen sus errores y pasen una vida miserable. Aproxímense al acto matrimonial con gozosa esperanza. ¡Dios quiso que fuera un placer!

2. Aprendan a hacer una excepción a las saludables normas de pudor y de virtud que les enseñaron. ¡Sus maridos tendrán que ser la única excepción! Pero es que el marido es una excepción. A veces resulta difícil olvidar los tabúes prenupciales, pero es posible, con la ayuda de Dios. Cuando se aplican al marido resultan en un falso pudor. 1 *Corintios* 7 no deja lugar a dudas que deben someter sus cuerpos al control de sus maridos; por lo tanto, no teman exhibirse frente a él. Mientras más se sientan cómodas en su presencia, mejor se adaptarán. Esto, generalmente, viene con el tiempo. Recientemente nos manifestó una señora que luego de ocho años de matrimonio nunca se había

desvestido frente a su esposo. Eso es falso pudor.

3. Es recomendable bañarse diariamente. Algunas autoridades en la materia recomiendan el baño de inmersión como medio de eliminar mejor los olores emergentes de los líquidos lubricantes vaginales.

El papel de la mujer es responder. No deben sentirse ofendidas por ello, sino que deben ceder y responder a las afectuosas expresiones de amor del esposo. ¡Podrán gozar plenamente de la experiencia, siempre que se tranquilicen!

4. Muchas esposas han adquirido la costumbre de ahogar las intenciones del marido con un hondo suspiro de cansancio o una indicación de aburrimiento, como queriendo decir "no me siento con ganas para eso esta noche". Al hacerlo así anulan una experiencia de mutua satisfacción. La mayoría de las mujeres logrará responder a los deseos del marido si afloja su tensión y se entrega al esposo. La primera reacción de la esposa al ardor de su cónyuge, no se aproxima en nada a su goce final, porque Dios le ha dado la capacidad de responder a su marido, si tan sólo ella se entrega. Una plena comprensión de esta respuesta femenina ayudará a la mujer a sobreponer su tendencia egoísta de pensar primero cómo se siente cuando su marido se le aproxima, en lugar de pensar cómo se sentirá ella cuando cede y se entrega a él.

5. Ya que el temor al embarazo se interpone para gozar del acto matrimonial en toda su plenitud, deben consultar al médico sobre un buen programa de control si deciden demorar la familia.

6. No deben alarmarse si no logran el orgasmo cada vez que se unen sexualmente con sus esposos. Sin embargo, muchas esposas que no experimentan el orgasmo, podrían hacerlo si

practicaran las siguientes sugerencias. Puesto que el hombre alcanza su clímax por la fricción del glande del pene contra las paredes de la vagina, es estimulado por el instivo movimiento de entrada y salida. Para retardar el clímax, el marido deberá detener este movimiento para menguar la urgencia explosiva. Si al mismo tiempo la mujer permenece inmóvil durante este período, sus emociones también declinarán. Pero el clítoris, que es el área de mayor excitación que lleva a la mujer al clímax, responde también a otros movimientos que no son los de entrada y salida del pene. Cuando el marido se detiene, rotando o moviendo levemente las caderas, logra reconstruir los movimientos del marido contra su clítoris. De esa manera ella progresa hacia la cima emocional mientras él espera que sus emociones declinen. Cuando el marido reinicia sus movimientos instintivos, podrán trepar juntos a sus respectivas alturas emocionales. A veces se hace necesario que el marido detenga sus movimientos varias veces mientras la esposa continúa excitándose por medio de esta técnica rotativa. La concentración y la práctica harán que alcancen juntos la anhelada cima, que es la meta ideal que ambos deben buscar.

Otra cosa que la mujer puede hacer para ayudarse a alcanzar el clímax en el acto matrimonial, es el de desarrollar sus músculos vaginales. Como lo hemos dicho anteriormente, la mujer puede experimentar un orgasmo vaginal tanto como un clímax clitórico. Lo ideal es que ambos trabajen al unísono para lograr el clímax. Los músculos de la vagina, como todos los músculos del cuerpo humano, se desarrollan por medio del ejercicio. De ahí que la mujer debe tratar de estrechar esos músculos diariamente, tanto durante el coito como cuando está acostada en la cama. Cinco a diez minutos de flexionar y estrechar esos músculos los fortalece y aumenta la capacidad para la estimulación sexual, aumentando su habilidad de alcanzar su orgasmo.

7. A veces la esposa descubre que uno o dos días por mes, de acuerdo a cómo se presente su ciclo reproductor, las cosas que habitualmente significan un estímulo emocional se comportan a la inversa. En lugar de provocarle una exacerbación en su ardor sexual prácticamente lo anulan y, a veces, lo hacen irritable. No hay que mentirle al esposo en estas oportunidades. Sean francas con sus maridos y obedezcan a *Efesios* 4:15 siguiendo ". . . la verdad en amor". Cuando se plantea esta situación es mejor abstenerse de la relación conyugal; pero otras veces, limitando al beso el juego de amor preliminar, la relación física puede consumarse. Si bien será una hermosa experiencia, no lo será en grado sumo como en las otras ocasiones.

8. Tienen que mantener abiertas las vías de comunicación con sus maridos respecto de estos temas, para que no haya ningún mal entendimiento. Es fácil limar las naturales asperezas que pudieran surgir y lograr una feliz adaptación física, si tan solo se deciden a conversar francamente sobre ello.

9. Si a pesar de todo, la relación se reduce a un acto sin goce ni significación alguna, deben recurrir en consulta a un consejero cristiano. Dios tiene mejores cosas para ustedes.

Un evangelista amigo nos relató un caso que demuestra el interés revelado por nuestro Padre celestial para con una pareja que adolecía de una evidente inadaptación en su relación física. Le habían pedido que predicara en cierta ciudad durante una semana, y un joven esposo, que conoció a Cristo por su intermedio, algunos años atrás, insistió que parara en su casa. Era un próspero hombre de negocios y muy respetado en la comunidad cristiana. Su hermosa esposa y dos niños encantadores conformaban el cuadro de una pareja ideal. Poco se imaginó el evangelista que estas espléndidas personas tuvieran un problema tan serio.

Después del desayuno en la primera mañana de su estada en la casa, le preguntó casualmente a la esposa: "¿Cómo andan las cosas?" Volvió la cabeza del lavadero de la cocina donde estaba fregando los platos y con lágrimas en los ojos exclamó: " ¡Oh, Ken, soy tan desgraciada!" A continuación le relató cuán totalmente frustrada se sentía en su relación física, porque su dinámico esposo cada vez que se le acercaba lo hacía con el mismo arrollador entusiasmo que ponía en todas las cosas de la vida y en consecuencia ella se sentía usada, no amada. Estaba orando a Dios para que de alguna manera los ayudara en su relación.

Esa noche, mientras se preparaba para retirarse a dormir, el pastor entró al baño para lavarse los dientes. Como el baño era común para los dos dormitorios, pudo escuchar, sin ninguna intención de fisgonear, cómo su amigo ejecutaba lo que él llamaría "hacerle el amor a mi esposa". ¡Todo sucedió en tres minutos! No pasó de ser una satisfacción física ante la demanda de un apareamiento masculino.

A la mañana siguiente el evangelista le pidió a su amigo que faltara a su trabajo, y hablaron durante dos horas en el fondo de la casa. Para su sorpresa, ese universitario, que amaba tiernamente a su esposa, no tenía la menor idea de que algo andaba mal. Ninguno de estos jóvenes había leído un libro sobre sexo y nunca habían recibido consejo matrimonial. Cuando el predicador concluyó su larga conversación, actuando como consejero, el joven estaba acongojado.

Confesó a Dios su egoísmo, y pidió su sabiduría divina para llegar a ser un marido cariñoso como Dios quería que lo fuera, uno que *amara a su esposa como amaba a su propio cuerpo.*

Seis meses después, el evangelista se encontró con la pareja en ocasión de un banquete. En un momento dado la esposa le dijo: "Nunca podré agradecerle suficientemente lo que ha hecho por nosotros. Nuestra vida matrimonial ha sido transformada". Mi amigo me comentó que "la mirada de alegría en su rostro me hizo recordar que Dios está interesado en todas y cada una de las áreas de la vida cristiana, incluso la adaptación física".

Las parejas cristianas pueden aspirar a una excelente relación física en su matrimonio, a pesar de que por lo general comienzan como simples novicios. Dios está interesado en cada de las áreas de la vida, incluso esta importantísima relación. Puede guiarnos ya sea al mejor libro sobre la materia o al mejor consejero. Recordemos que Dios considera al acto matrimonial como la suprema expresión de amor entre dos seres humanos.

---

1. El autor agradece a varios médicos amigos con quienes consultó este capítulo, particularmente el Dr. William Halcomb, médico de San Clemente, California, con quien conversó durante muchas horas, y el Dr. Frank Young que corrigió este manuscrito, proponiendo varias sugerencias y accedió a escribir el prólogo.

2. Joseph B. Henry, "FULFILLMENT IN MAR-RIAGE" (Felicidad en el matrimonio), (Westwood, New Jersey, Fleming H. Revell Company, 1966), p. 144. Usado con permiso.

3. Ibid, p. 145. Usado con permiso.

4. Caprio, Frank S., doctor en medicina, "THE SEXUALLY ADEQUATE FEMALE" (La mujer sexualmente adecuada), (Greenwich, Conn., Fawcett Publications), p. 61. Usado con permiso.

Cuando el hijo se cría al calor de la seguridad
que le brinda el amor de los padres, adquiere
una saludable perspectiva de la vida.

CAPITULO 5
ADAPTACION A LOS NIÑOS

Nuestra niñez ejerce su influencia sobre nuestros deseos de tener hijos. Si nuestra infancia fue una infancia feliz, probablemente veamos el advenimiento de los hijos como una bendición. Si tuvimos una infancia desdichada tal vez no queramos hijos. Sin embargo, hemos conocido mucha gente cuya formación y trasfondo les significó un estímulo para darles a sus hijos lo que ellos no tuvieron.

Pero más que el trasfondo o la formación, es el temperamento el que juega un papel más importante en determinar el deseo de tener hijos. El señor y la señora sanguíneos invariablemente desean tener hijos; aman a las personas. El señor Colérico los quiere porque necesita que haya quienes dependan de él o para mantener ocupada a su esposa. El señor y la señora melancólicos son tan indecisos y perfeccionistas que prefieren no tener hijos. Son tan egocéntricos que rechazan toda intromisión en su pequeño mundo. El señor y la señora flemáticos generalmente quieren tener hijos porque son personas básicamente amigables, siempre bien dispuestos y les gusta hacer lo que es apropiado y aceptado por la sociedad. De todos los tipos temperamentales, la señora Colérica es la menos inclinada a desear hijos. Está tan ocupada dando órdenes, dirigiendo o produciendo, que no quiere ver trabada su acción por pequeñitos.

Afortunadamente para la humanidad, hasta hace poco tiempo el tener hijos no dependía de una elección sino que era la consecuencia natural del matrimonio. Pero ni aún la disposición y complejidad temperamental del día de hoy logra impedir la procreación, porque, como "los polos opuestos se atraen" uno de los dos, por lo menos, quiere tener hijos.

Dios, de una manera maravillosa, ha provisto a los nenes de la rara habilidad de meterse en el corazón de los padres y hacerse allí un lugarcito de amor. Raro es el padre que pueda mirar a los ojos de su hijito y decirle: "Quisiera que nunca hubieras nacido". Por el contrario, muchos que dudaron antes de cruzar los umbrales de la paternidad respondieron al instinto paternal cuando el recién nacido respiró por vez primera. En la actualidad, al haberse puesto tanto énfasis en planificar o demorar la familia, muchas jóvenes parejas se privan de una de las más cautivantes experiencias de la vida: ser padres.

HIJOS: AHORA O MAS ADELANTE

La tendencia a demorar indefinidamente la venida de los hijos ha tomado carta de ciudadanía en los países occidentales más adelantados. Con el advenimiento de "la píldora" y otros medios científicos de control de la natalidad se ha hecho una realidad la "planificación de la paternidad". El problema estriba en que la mayoría de las parejas creen que deben esperar hasta alcanzar una buena posición económica antes de tener hijos. Como ya mencionamos al tratar sobre la adaptación económica, es fácil caer en la tentación de aspirar a un nivel de vida exageradamente alto en los primeros tiempos del matrimonio, cuando ambos trabajan. Muchos hombres no logran jamás aumentar sus ganancias hasta igualar las entradas combinadas cuando ella trabajaba o, si logran hacerlo, les toma años el esfuerzo, cuando la mujer ha pasado ya la flor de la edad para tener hijos. Muchas veces hemos conversado con parejas sobre la conveniencia de adoptar un niño, y han respondido: "Esperamos tanto para poder darnos el lujo de tener hijos, y ahora no los podemos tener". Nos preocupa esta decisión de "esperar a tener los medios o recursos antes de tener hijos" porque muy a menudo está inspirada en un anhelo egoísta de adquirir un elevado nivel de vida. Una pareja jamás gozará de las cosas materiales tanto como de sus hijos.

La edad ideal para tener hijos.

La edad ideal para tener hijos abarca límites muy estrechos y reñida con los hábitos de hoy en día. Una señorita termina sus estudios secundarios alrededor de los 18 años de edad. A menos que su futuro esposo sea varios años mayor, tendrá que esperar de uno a cuatro años para que él termine su educación o aprenda un oficio. Para ese entonces ella se ha graduado o ha adquirido una práctica que la habilite para trabajar y así lo hace para comprar muebles o ahorrar el dinero suficiente para la entrega inicial de su nueva casa. En tales circunstancias ya ha alcanzado los veintidós o veintiséis años de edad y está lista para tener hijos; pero, aunque parezca sorprendente, ya superó la edad ideal para tenerlos.

Tenemos cuatro hijos en nuestra familia y solamente el nacimiento de nuestro hijo Lee ofreció serias complicaciones. Después de un trabajo de parto inusitadamente largo, el tocólogo le tomó una radiografía para estudiar la conveniencia de practicar una operación cesárea. Me explicó que probablemente la criatura pesaba de cuatro a cuatro y medio kilogramos y eso era lo que demoraba el alumbramiento.

"¿Pero cómo puede ser? " le pregunté. "Nuestros dos primeros hijos pesaban más que eso".

Entonces me explicó: "Pero su esposa no es tan joven como era antes". Riéndome le respondí: "Doctor, si solamente tiene veinticinco años de edad. Siempre he creído que es más fácil después del nacimiento de cada hijo".

Nunca olvidaré su respuesta: "Usted no comprende" me dijo: "La mayoría de las mujeres están físicamente preparadas para tener hijos al aproximarse a los veinte años de edad. De ahí en adelante cada año que pasa se hace más difícil".

Si Dios diseñó la anatomía femenina para tener hijos antes de los veinte años de edad, fue su intención, sin duda, que las muchachas se casaran y fueran madres a temprana edad en su vida. Es nuestra cultura, y no la voluntad de Dios, la que ha planteado problemas de maternidad, obligando económicamente a demorar la familia. El otro lado de la moneda es que las mujeres no están particularmente interesadas en tener hijos después de los 35 años de edad. Podemos llegar a la conclusión de que la edad promedio de maternidad oscila entre los veinticinco y treinticinco años de edad, con una tendencia a acortar aún más el período.

Adopción

Vamos a considerar brevemente el tema de la adopción. Debido a las tendencias modernas que hacen mella en la mujer, y a otros y diversos factores, un número cada vez más crecido de matrimonios cristianos deben responder a la siguiente pregunta: ¿Debemos adoptar hijos o esperar a que el Señor los mande? En razón del desbarajuste moral de nuestra época, pareciera que hay más criaturas disponibles que padres.

Algunos matrimonios tienen la peregrina idea de que los niños nacidos fuera del matrimonio no resultarán tan satisfactorios como los otros niños. Pero no es eso lo que hemos observado en nuestra larga experiencia como consejeros. Más bien, nuestra observación nos dice que los padres que han adoptado niños quieren a esos niños más que lo que los padres naturales quieren a sus propios hijos, y, en consecuencia, los colman de amor. En nuestra opinión, los cristianos que adoptan una criatura ilegítima están aplicando un método práctico de evangelismo. Lo que empezó como una tragedia, por la gracia de Dios y el generoso amor de una pareja cristiana, puede ser el medio de salvar una vida y también un alma.

CRIANZA DE LOS HIJOS

¿Cuáles son los requisitos de un buen padre? No es indispensable ser un graduado universitario, porque la historia nos revela que algunos de los más grandes hombres tuvieron padres iletrados. Tampoco requiere riquezas, o un encanto especial, o dones naturales. Podemos resumir en una sola palabra los requisitos indispensables que exige la paternidad: madurez. Dos jóvenes casados, munidos de la suficiente madurez para vivir juntos sin egoísmos, están capacitados para ser padres. El egoísmo —el gran destructor del matrimonio— tiene también efectos devastadores sobre los hijos. ¡Todos los hijos necesitan padres abnegados! La adaptación de los padres en cuanto a la responsabilidad de quién debe levantarse de noche y cuál de los dos debe cambiar los pañales, *etcétera*, es algo que no ofrece mayores problemas cuando se la encara con amor y generosidad.

No pretendemos ser una autoridad en la crianza de los hijos y por lo tanto no podemos dar instrucciones detalladas, pero hay tres principios básicos sobre los que quisiéramos explayarnos, y que son: amor, disciplina y adiestramiento. Si bien son inseparables y deben ser administrados simultáneamente, los analizaremos separadamente.

Amor

Casi todos los sicólogos y pediatras concuerdan en que el amor constituye un factor básico para el desarrollo armónico del ser humano. Es más importante para el hijo el amor del padre que toda la riqueza, la educación y las posesiones materiales puestas juntas. Cuando el hijo se cría al calor de la seguridad que le brinda el amor de los padres, adquiere una saludable perspectiva de la vida. El hogar puede estar lejos de la perfección en muchos aspectos; este déficit puede serle útil para prepararlo a vivir en un mundo imperfecto. Pero lo que no puede faltar de ninguna manera es el amor, si queremos que desarrolle una buena actitud mental.

Esta es la única razón por la cual los padres deben demostrarle amor a los niños en todos los casos, aún cuando se los castiga como medida disciplinaria. Los padres demasiado estrictos y dominantes les infunden temor a los hijos. Aun los niños de carácter fuerte se tornan indecisos si son regañados, criticados o intimidados por sus padres. Los padres perfeccionistas deben cuidarse de imponer sus normas perfeccionistas a sus hijos; lo que los hijos necesitan es sentirse seguros de que los aman. Un padre inteligente sabe cómo dar a entender a su hijo que, si bien puede no estar de acuerdo con alguna particular acción del niño, no por eso deja de amarlo. Al fin y al cabo, es la forma en que Dios mismo actúa, corrigiéndonos en amor: ". . .el Señor al que ama, disciplina. . ." (*He*-12:6).

Un pastor amigo tuvo un problema con su tercer hijo que mojaba la cama. Al consultar el problema con el médico se llegó a la conclusión de que ese cuadro era a consecuencia de que el niño padecía de un complejo de inferioridad, porque era incapaz de competir con sus hermanos y hermanas mayores; creía que era un inútil y que nadie lo amaba. Cuando nació el cuarto hijo el bebé acaparó toda la atención que las familias naturalmente brindan a los chiquitines. Y esto sirvió para convencer más aún al otro niño de que no lo amaban como a los otros.

El médico sugirió un plan que el padre puso

en práctica. Todas las noches el padre, antes de acostarse, despertaba al niño y lo llevaba al cuarto de baño, colocándolo en el inodoro. Luego, al llevarlo de vuelta a la cama, todavía medio dormido, se quedaba unos minutos asegurándole su amor y expresándole su genuino afecto. También le hablaba del lugar importante que ocupaba en el seno de la familia y que al llegar la mañana se despertaría con un gran deseo de ir al baño, lo cual tenía que hacer de inmediato. A las dos semanas el niño no mojaba todas las noches la cama, y a los dos meses estaba totalmente curado.

Pero mucho más importante que curarse de ese mal hábito —según relató el padre— fue el cambio notorio que se operó en la actitud del niño. Sus estudios mejoraron y prácticamente desapareció su tendencia a la rebelión y a la desobediencia —que seguramente se debía al hecho de querer llamar la atención— y en su lugar se instaló un profundo afecto entre padre e hijo. A medida que el padre persistía en asegurarle su amor a su hijo, la mente subconsciente del hijo finalmente captó lo que todo ser humano anhela: la seguridad de ser amado.

No hay tal cosa como un exceso de amor

Lo único que no podemos dar en demasía a nuestros hijos es amor, porque no existe tal cosa como el amor en exceso. Los niños necesitan que los padres, permanentemente, les aseguren de su amor; ¿pero no es válido eso también entre esposos y esposas? Aún después de muchos años de casados ¿no disfrutamos acaso cuando el cónyuge repite las mágicas palabras "te amo"? Los padres debemos ser particularmente solícitos en derramar en abundancia el afecto sobre las hijas. La mayoría de los hombres no se dan cuenta de la importancia de proyectar su cariño a sus hijas. Hablando algunos años atrás con el ginecólogo de mi esposa, que es miembro de nuestra iglesia y un amigo personal, comprendí en toda su magnitud las muy serias consecuencias que acompañan a una inadecuada relación padre-hija. Como ambos actuamos en función de consejeros, le interrogué sobre un problema que me preocupaba: "¿Ha descubierto la ciencia médica alguna píldora contra la frigidez"? Riéndose me respondió: " ¡Que yo sepa, no! " Luego añadió: "Por lo que no conozco, el mejor preventivo médico contra ese problema es un padre afectuoso".

Desde entonces, cuando nos consultan mujeres que padecen de frigidez, siempre les hemos preguntado cómo fue su relación con su padre, y siempre, en todos los casos, nos han respondido que hubo un rechazo de su padre, desde su más tierna infancia. Otra causa de frigidez puede ser a consecuencia de una experiencia traumatizante por un acto de vejación que deja una secuela emocional de temor y que impide que la joven se sienta cómoda en presencia de su esposo. Pero aún esta tragedia puede ser superada en algunas niñas que tuvieron la gran suerte de haber contado con una relación de gran afecto con su padre.

Amor transferido

Pareciera que cuando una niña pequeña se acerca a su padre en busca de amor y es rechazada, ese rechazo le deja una secuela permanente en su mente subconsciente. Si su padre nunca tiene tiempo para ella, si nunca muestra interés en sus dibujitos, o no permite que se sienta sobre sus piernas o que rodee su cuello con sus bracitos, desarrollará una resistencia protectiva contra el rechazo de su padre, para evitar, de esa manera ser lastimada.

Teniendo en cuenta que su primera imagen masculina es su padre, su tendencia natural es transferir esa imagen a todos los hombres, incluso su marido. El resentimiento y la hostilidad que alimentó contra su padre lo transfiere frecuentemente a su marido. Este proceso defectuoso, pero perfectamente explicable, de acondicionamiento, es el prolegómeno de un desgraciado matrimonio, pero puede ser evitado por un padre razonable que reconoce que toda niña pequeña necesita ser amada por el único hombre que revista la máxima importancia en su vida, es decir el padre.

Toda esta charla sobre la relación afectuosa padre-hija no significa, de modo alguno, que los niños no necesiten, también ellos, del amor de sus padres y de sus madres. El anterior análisis lo hicimos al solo efecto de ilustrar una de las tristes consecuencias de la falta de amor. Muchas de las acciones anormales que se observan en los adultos pueden ser atribuidas al simple hecho de que, como niños, nunca contaron con la certeza del amor de sus padres. Afortunadamente este golpe tremendo aplicado a la naturaleza emocional del hombre o la mujer, puede ser remediado por el poder de Jesucristo. Dios, en su gracia maravillosa, ofrece el Espíritu Santo, quien suplirá la paz, el gozo, el amor y la fe que todo ser humano necesita para contar con una adecuada sensación de seguridad, abstracción hecha del amor o falta de amor de los padres. Pero en tanto la persona no recurra al Espíritu Santo en busca de ayuda, sufrirá innecesarios temores, dudas y limitaciones al no haber recibido el amor que precisaba.

No todos los padres están obligados a actuar de la misma manera, al expresar su afecto por sus hijos. Todo depende del temperamento y de las experiencias que puedan haber tenido los niños. Así, por ejemplo, conocí a un padre que cometió un craso error. Cierto día su hija, de trece años de edad, se le acercó brincando con la exhuberante efervesencia de la juventud, y con toda espontaneidad le echó los brazos al cuello para besarlo. Su involuntaria reacción fue retirar sus labios y el beso apenas si logró rozar su mejilla. Pero ocurrió que cuando él hizo ese gesto de retirar su cara, los ojos de la niña se clavaron en los míos y fui testigo de su mirada de profunda desilusión.

Consciente de que el desarrollo emocional de su hija bien valía correr el riesgo de empañar nuestra amistad, más tarde le hablé al padre sobre el incidente. Afortunadamente tomó con buen talante mis sugerencias, y admitió que le resultaba difícil demostrar afecto, principalmente cuando otras personas estaban presentes. Tan cuidadosamente como pude le señalé que estaba incurriendo en un acto de egoísmo, y que mucho más importante que su inhibición de revelar en público sus emociones, era el desarrollo emocional de su hija. Por la gracia de Dios ha logrado expresar de manera bien tierna su genuino amor y me place saber que en la actualidad su hija goza de una cálida relación con su padre que la está preparando para ser una buena esposa y excelente madre.

A modo de conclusión, diremos que todo padre puede demostrar su amor si tiene la suficiente madurez para pensar en su hija más que en sí mismo.

DISCIPLINA

Un profesor de educación cristiana, en una de

las principales universidades de los Estados Unidos, hizo la siguiente afirmación en el curso de una Convención de Escuelas Dominicales. "El cincuenta por ciento del desarrollo del carácter y de la personalidad de un niño se adquiere hasta los tres años de edad, y el setenta y cinco por ciento cuando alcanza la edad de cinco años". Otro conferencista dijo: "Mostradme un niño testarudo, rebelde y desobediente de cinco años de edad, y os mostraré, de aquí a diez años, un testarudo y rebelde adolescente. El momento óptimo para controlar a los adolescentes, es antes de que vayan a la escuela primaria". Estas declaraciones muestran bien a las claras que la disciplina debe comenzar a edad temprana. No es raro escuchar a un padre que dice: "Amo tanto a mis hijos que soy incapaz de darles algunas palmadas". Eso no es cierto; eso es pura sensiblería. A un padre le resulta particularmente duro disciplinar a sus hijos. ¡Pero hay que hacerlo!

Los sicólogos ateos de treinta años atrás hicieron correr la versión, que luego se agrandó como una bola de nieve, de que los padres tenían que acceder a la voluntad o a los caprichos de los hijos. Como resultado de esa tesis, hoy debemos soportar dolorosas consecuencias. Muchos adolescentes de hoy en día son víctimas de tales ideas, expresadas como hizo un profesor de sicología, cuando dijo: "Castigar a los niños ha pasado de moda e inhibe el desarrollo de la criatura. Todo niño necesita aprender a expresarse". Agradezcamos el hecho de que aparte de los textos de sicología también tenemos la Palabra de Dios que dice: "El que detiene el castigo a su hijo aborrece" (*Pr.* 13:24).

"Hazlo". — "No lo hagas".

Uno de los grandes problemas que plantea

nuestra sociedad actual es que no se enseña a la gente que hay algunas cosas en la vida que no se pueden hacer: un hombre no puede gozar de absoluta libertad sin infringir los derechos de los demás. El mejor lugar donde un niño puede aprender que hay ciertas cosas que tiene que hacer en contraposición con otras que le están vedadas es el hogar, donde está rodeado de amor. Eso no quiere decir que una zurra es el único método disciplinario válido. Como la mayoría de los padres, probablemente castigamos a nuestro primer hijo más que a los tres que le siguieron juntos. Cuando ganamos en experiencia, sin embargo, aprendimos que había otras maneras de ejercer la disciplina igualmente efectivas, desde sentarlo en una silla de diez a treinta minutos según la falta, hasta retirarle las llaves del automóvil.

Como cristianos que somos, jamás debemos perder la cabeza y disciplinar a nuestros hijos bajo los efectos de la ira. Algunos padres castigan corporalmente a sus hijos como un medio de dar rienda suelta a su propio entripado o frustración, ante una acción de los niños que, de paso, les recuerde su propia debilidad. Al aplicar la disciplina es fundamental recordar que debemos ser consistentes. Muchos padres terminan zurrando a sus hijos debido a la inconsecuencia. Así, por ejemplo, le dicen al niño: "Hijito, no hagas eso"; no toman en cuenta que en el preciso instante en que dicen "no hagas" el niño los someterá a una prueba para comprobar si el asunto va en serio. Como los padres no obtienen el resultado deseado la primera vez, repiten la advertencia varias veces más y, al final, exasperados, acuden a la violencia.

Un sano consejo que nos ayudará a superar esa inconsecuencia es el siguiente: No prohibamos nada a nuestros hijos si no tenemos la intención de exigir el cumplimiento de la prohibición. Entonces, si nos pone a prueba, no le demos el gusto. Hemos descubierto, luego de pruebas y fracasos varios, lo que pareciera ser un buen método para esas infracciones a las reglas familiares que exigían una zurra. Utilizamos una cuchara de madera (probablemente porque fue ese instrumento el que usó conmigo mi madre). La primera vez que los niños hacían algo que estaba expresamente prohibido recibían un planazo con la cuchara; a la segunda infracción dos planazos; a la tercera tres planazos y así sucesivamente. Por vaya a saber qué razón, nunca se hizo necesario aplicar más de tres planazos por una determinada infracción. El secreto de todo esto —fuere cual fuere el método disciplinario adoptado— es la consecuencia.

Los niños son rápidos en aprender que el padre y la madre no coinciden totalmente en ciertos aspectos de la disciplina. Inmediatamente explotan estas diferencias enfrentando a un padre contra el otro. La solución de este problema, al igual que todos los demás, es la comunicación en amor. La mayoría de las parejas no establecen normas fijas de comportamiento, sino que tratan las crisis según se presenten. Es mejor fijar ciertas directivas básicas; los niños se sienten más cómodos y la disciplina se hace más consecuente. Debe existir un acuerdo previo entre los padres, que cuando uno de ellos habla han hablado los dos; de esa manera se evitará el dilema del niño que desobedece al padre con el permiso de la madre. Lo cual no significa que siempre estaremos de acuerdo con el cónyuge sobre la interpretación de las reglas. Nuestro desacuerdo, sin embargo, debe quedar reservado para el cónyuge, en el secreto de la alcoba. Si reconoce que ha cometido un error, ese es el momento de cambiar de allí en adelante. Muchas veces resulta que es más importante que el padre y la madre mantengan su unidad de criterio frente a los niños, que resolver el particular problema que se ha planteado.

ADIESTRAMIENTO

El hogar es la mejor institución educativa del mundo. La sociedad corriente ha sido negligente en este aspecto y procura que la escuela, la televisión y a veces la iglesia se ocupen de ello. Este traspaso de responsabilidad ha resultado inadecuado, porque los agitadores ateos han logrado que los directivos de las escuelas sean renuentes a enseñar principios morales y normas de comportamiento. La televisión es más degradante que edificante y muy pocos de nuestros niños en la sociedad actual asisten habitualmente a la escuela dominical.

Ganemos desde el comienzo la confianza de los niños.

La inmensa mayoría de los padres no se dan cuenta de la tremenda ventaja que le llevan a sus niños. En las primeras etapas de la vida, las palabras del padre son más importantes para un niño que las palabras de Dios mismo. Desgraciadamente los padres no se aprovechan de esta inmejorable oportunidad. Afortunado el adolescente que puede recurrir con toda naturalidad a su padre o a la madre en busca de consejo, porque esta confianza o acercamiento hunde sus raíces en la primera infancia.

En nuestro hogar tuvimos el privilegio de observar esta relación padre-hijo desde una altura sumamente ventajosa. El joven cristiano que cortejaba a nuestra hija a través de todo el colegio secundario, gozaba de una espléndida relación con su padre, lo cual influyó sobremanera en su comportamiento durante el noviazgo. Cuando nuestro hijo de diez y seis años comenzó a salir con muchachas, llegó el momento de tener la tradicional charla de padre a hijo. Tomé como ejemplo al festejante de nuestra hija. Cuando le dije a mi hijo que tanto sus padres como el Señor esperaban que él tratara a todas las muchachas como a una dama, él supo muy bien lo que quería decir eso, puesto que había visto al joven tratar así a su hermana. Cuando le dije que debía ayudar a las chicas con quien salía a cumplir con las reglas establecidas por sus padres, él sabía, por el ejemplo del otro muchacho, lo que yo quería decir. Cuando le dije que cooperando tanto con sus propios padres como con los padres de las muchachas gozaría de feliz adolescencia y juventud, también lo comprendio, porque había visto el comportamiento del otro muchacho durante una fiesta en el colegio. También, en el curso de la charla, hice hincapié en que sus normas de comportamiento no debían ser elevadas porque sus padres estaban en el ministerio, sino porque era un cristiano y esa era la forma de vida más feliz.

Desgraciadamente muchos padres cristianos no hablan con sus hijos de estas cosas o sus hijos no los escuchan. Por conversaciones sostenidas con muchas señoras que han venido a consultarnos, hemos sabido que a muchos jóvenes cristianos se les puede tener menos confianza que a los otros. Este es el resultado de un defectuoso adiestramiento.

Blanco y negro, ¿o gris?

Hoy en día están en baja las normas de comportamiento moral. La civilización contemporánea piensa que es erróneo el concepto de blanco y negro, bueno y malo. Todas las normas deberían encajar en una zona gris. El pensar del comportamiento moral en términos de gris, en lugar de hacerlo en blanco y negro, hace que la gente demore sus decisiones hasta que se encuentren en el remolino de la situación y estén obligados a tomar la decisión. Y muy a menudo sucede que la gente tenga que lamentarse de estas decisiones tomadas a la ligera. ¡Vivir de esa manera es una estupidez! Lleva a la gente a la indecisión y a la inestabilidad emocional y crea el caos social.

La Biblia establece normas del bien y del mal. En lugar de ponernos a la defensiva y en cierta medida pedir disculpas por ello, debiéramos enseñar esas normas a nuestros hijos, "línea por línea, precepto por precepto". Esto es lo que la Biblia dice: "No os conforméis a este siglo, sino transformaos por medio de la renovación de vuestro entendimiento, para que comprobéis cuál sea la buena voluntad de Dios, agradable y perfecta". (*Ro.* 12:2). Si queremos que en nuestros hijos se cumpla la perfecta voluntad de Dios, entonces es nuestra responsabilidad señalársela.

La rebelión de los jóvenes

¿Y qué de la rebelión de los jóvenes? Cada vez con mayor frecuencia se formula esta pregunta a los consejeros. Algunos jóvenes de carácter fuerte atraviesan por un período de inusitada rebelión en sus años juveniles, abstracción hecha del cariño y cuidado con que fueron criados. A este grupo han de pertenecer los jóvenes a quienes se refirió chistosamente la doctora Henrietta Mears, una autoridad de educación cristiana, cuando dijo: "Algunos jóvenes se tornan tan quisquillosos que solamente la madre y el padre pueden amarlos, y a veces el padre no puede comprender cómo hace la madre para aguantarlo''.

El período secundario es siempre un momento difícil en la vida de cualquier joven, pues como adulto en ciernes, tiene nuevas oportunidades y responsabilidades, pero carece del discernimiento y de la experiencia suficientes sobre los cuales basar sus decisiones. ¿Qué camino va a seguir? ¿Hará esto o hará aquello? Muchas de sus decisiones y acciones durante este período afectarán su futuro, ya sea negativa o positivamente.

De nada nos valdrá si nos reducimos a preocuparnos por ellos en esta etapa. Hagamos lo posible por entender el cambio sufrido y la confusión en que están envueltos. Y encomendémoslos a Dios, confiando en él como la Biblia nos indica en el *Salmo* 37, para que El los proteja durante esta tempestuosa etapa de su vida.

Uno de nuestros más íntimos amigos y su esposa sufrieron una experiencia realmente traumatizante con su hija jovencita que estaba pasando por un período de culto a los Beatles. Juntamente con una amiga de la iglesia, compraron entradas para asistir a una representación de los Beatles para un domingo por la noche, a la hora del culto de la iglesia. En su entusiasmo para ver a sus ídolos, a ninguna de las muchachas se les ocurrió pensar cómo iban a volver a sus hogares a las 10 de la noche, atravesando 60 kilómetros de la ciudad de Los Angeles.

Las muchachas habían ahorrado durante semanas para el acontecimiento, pero ninguna de las dos dijo media palabra a sus padres. Como a las cuatro de la tarde del día de la función, la esposa de nuestro amigo se dio cuenta de que no sabía dónde estaba su hija. Instintivamente preocupada fue al dormitorio de su hija y sospechó la verdad de lo ocurrido. Llamó a la madre de la otra jovencita, que también faltaba en su casa. Al hablar sobre la situación se horrorizaron ante la comprobación de que sus hijas, intencionalmente, con toda premeditación y en abierto desafío a su autoridad, habían ido secretamente a presenciar a los Beatles. A los pocos minutos los cuatro padres estuvieron reunidos para decidir qué hacer. Como primera medida mi amigo decidió pedir consejo divino, por lo cual oraron a Dios. Al principio pensaron que ambos padres deberían ir a buscar a las niñas, pero mi amigo era el solista en el concierto del coro de la iglesia que comenzaba a las 7 de la noche. También su esposa y su hija tenían que cantar en el coro. Confiando en la dirección de Dios decidió que era su responsabilidad cumplir con su obligación y confiar en el Señor para que el otro padre encontrara a las jovencitas.

¿Pero cómo encontrar a dos niñas entre un remolino de 60.000 jóvenes que gritaban y se contornaban sin cesar? Estuvo una hora buscándolas y le pidió a Dios que lo guiara. No fue ninguna casualidad que las chicas entraran a un restaurante a comer un bocadito antes de entrar al estadio y se sentaran a una mesa frente a una amplia ventana que miraba a la calle. Tampoco fue casualidad que el padre mirara por la ventana y viera a las chicas. No volvieron con él de buena gana sino rabiosas y llorosas; las obligó a entrar al automóvil y se las llevó de vuelta.

La hija de nuestro amigo entró en su casa gritando histéricamente, como sólo saben hacerlo las jovencitas frustradas. Su madre le dio unos diez minutos y luego la obligó a vestirse para ir a la iglesia. También insistió en que la hija fuera a la iglesia y tomara su lugar en la primera fila del coro.

Después del culto, el padre le explicó que más que pecar contra ellos (sus padres) y contra ella misma, había pecado contra Dios por ser desobediente. Luego oró por ella y le aconsejó que ella también debía orar por sí misma y añadió: "Todavía no he decidido qué castigo te voy a aplicar, pero te lo haré saber antes del fin de semana". Decidió que el precio de su desobediencia sería la destrucción de todos sus discos de Los Beatles. Así lo tuvo que hacer y lo hizo con toda la dignidad de un patético servicio fúnebre.

Pasado un tiempo, y para asombro de sus padres, les dijo: "De cualquier manera, como cristiana yo no debería escuchar esa música". Es casi increíble el cambio que se produjo en esa muchacha desde ese día en adelante. Se esfumó esa actitud de premeditada rebelión que percibían cuantos la apreciaban, y se ha transformado en una personita que da gusto tratar con ella y que tiene muchos más amigos. Actualmente es una auténtica líder que no solo da grandes satisfacciones a sus padres, sino que ella también se ha beneficiado en grado sumo.

Fijar límites y definir reglas.

No es siempre fácil, pero sí muy útil, fijar límites y definir reglas para nuestros niños y adolescentes. A veces discuten y se enojan en cuanto a las reglas que establecemos, pero secretamente las aprecian. Un sicólogo relató el caso de un matrimonio que lo consultaron porque su hija no quería salir con jóvenes. Todo el problema radicaba en que la niña no sabía qué se esperaba de ella y, en consecuencia, sintiéndose insegura, rehusaba todas las invitaciones a salir.

Pero Dios les ha dado padres a las jovencitas, para que los guíen y establezcan para ello normas de comportamiento, aun antes de que se den cuenta del poder de la carne y sus naturales deseos lujuriosos. Un buen adiestramiento entraña una amplia explicación y una claridad meridiana en las reglas, pero ocurre que con muchos jovencitos llega un momento en que no aceptan de buena gana las decisiones de los padres, a pesar de todos los argumentos que se esgriman, por más razonables que sean. No debemos dejarnos apabullar por sus objeciones; fijemos las reglas, les guste o no les guste. Una buena fórmula que los padres deben tener en vista para establecer normas de comportamiento respecto a las salidas de los muchachos y las muchachas y, en general, para todo tipo de normas, es la siguiente:

MUCHACHO + MUCHACHA × OBEDIENCIA A DIOS = FELICIDAD

La relación muchacho+muchacha viene naturalmente. El factor obediencia a Dios de esta ecuación, es responsabilidad de los padres. Es por fe que ofrecemos a la consideración de todos, estos conceptos y principios "hechos a la antigua", porque creemos que los caminos de Dios son los mejores.

Al igual que la mayoría de los pastores, guardo en mi archivo una sección de "Cartas Especiales", pero la que atesoro más que todas las otras vino de mi hija mayor, Linda, dos semanas después de volver de la universidad. La frase que se adentró en mi corazón era cautivadoramente sencilla: "Papá, quiero agradecerte por ser mi padre". Y esa carta más que compensó por todos aquellos ocasionales momentos de tensión en que papá y Linda no vieron las cosas a través de un cristal del mismo color porque "las normas fijadas para salir con muchachos eran anticuadas" o "¿pero realmente tengo que estar de vuelta a las once?" o "¿por qué tengo que salir siempre con otra pareja?" o "¿qué tiene de malo si todos los otros chicos han ido?"

Claro, en aquellos momentos me sentí como un ogro, pero agradezco a Dios que mi esposa y yo no cedimos en nuestros principios. Ahora, tanto Linda como yo sabemos que yo tenía razón, y tengo la corazonada que un día ella fijará normas muy parecidas para mis nietos.

Seamos ejemplos a nuestros hijos.

No debemos pasar por alto un aspecto importantísimo del adiestramiento. Nos referimos al adiestramiento por el ejemplo. El viejo adagio de "Haz lo que digo pero no lo que hago", nunca es tan cierto, en su resultado inverso, como en la relación padre-hijo. Los mejores sermones que habrán de escuchar nuestros hijos son los que ellos nos ven vivir. Podemos asistir regularmente a la iglesia que tiene uno de los mejores predicadores del mundo, pero si no vivimos cristianamente ante nuestros hijos, gran parte de la predicación del pastor se verá anulada por nuestro comportamiento. La Biblia enseña que debemos ser "ejemplo de los creyentes". Este mandamiento es particularmente cierto y apropiado para los padres. Una cosa es actuar como cristianos el día domingo; otra cosa es actuar como cristianos en el hogar. No hay duda que es un cristiano el hombre a quien su familia califica de cristiano. Los padres cristianos deberían adoptar las pautas de comportamiento fijadas por el apóstol Pablo, cuando, hablando a sus hijos e hijas espirituales, les dijo: "Sed imitadores de mí, así como yo de Cristo". Cuando la vida toque a su fin y miremos atrás, nuestros corazones rebosarán de alegría si podemos decir con el apóstol Juan "No tengo mayor gozo que éste, el oir que mis hijos andan en la verdad".

Responsabilidad especial

Con demasiada frecuencia los padres dan por sentada la salvación de sus hijos. Hace algún tiempo, la esposa de un obrero cristiano nos dijo un día que aun cuando fue criada en un hogar cristiano nunca había invitado en forma personal a Jesucristo para que entrara en su vida. Conocía sobre Él, creía en Él, pero nunca había "nacido de nuevo". Sus padres habían dado por sentado que era una cristiana, y cuando tímidamente trató de insinuar que no lo era, la ridiculizaron y le metieron tanto miedo que nunca llegó a tomar una decisión tajante. Afortunadamente su esposo tenía más criterio que sus padres, y cuando ella le planteó el problema, lo comprendió perfectamente bien y cariñosamente la guió a Cristo. Hubiera podido evitarse la frustración de esta joven señora si sus padres se hubieran preocupado un poco más en el bienestar espiritual de su hija. Ya que ocupamos un lugar tan especial en el corazón de nuestros hijos, tenemos una responsabilidad también especial de guiarlos a Cristo.

Un domingo por la mañana, un joven dentista se acercó, después del culto, y me dijo: "Pastor, mi hijo Casey está listo para recibir a Cristo. ¿Quisiera hablarle, por favor?" Yo le contesté: "Ron, con todo lo que a mí me gusta guiar gente a Cristo, no te quiero robar esa bendición. Vuelve a tu casa y explícale cómo recibir a Jesús. Si no lo hace, entonces con todo gusto le hablaré". Nunca olvidaré la alegría exhuberante con que el padre me saludó ese mismo domingo por la noche contándome cómo Casey, con toda sencillez, invitó al Salvador a que entrara en su vida. No debemos esperar a que algún otro guíe nuestros hijos a Cristo; confiemos en Dios para que el nos use —el mejor amigo que ellos tienen en el mundo— para guiarlos al Salvador.

1. A menos que el Señor edificare una casa, es en vano el trabajo de los que la edifican. A menos que el Señor protega la ciudad, los centinelas están demás.

2. No tiene sentido que trabajemos desde el alba hasta la noche por temor a morirnos de hambre; Dios quiere que sus amados descansen bien.

3. Los hijos son un don de Dios; son su recompensa.

4. Los hijos de un hombre joven son como afiladas flechas para defenderlo.

5. Feliz el hombre que tiene su aljaba lleno de ellos. Ese hombre contará con la ayuda necesaria cuando arguye con sus enemigos (*) (*Salmo* 127. *Living Psalms and Proverbs*).

(*) Literalmente, "Cuando ellos hablan con sus enemigos en la puerta.

La manera de ganar algo es dándolo. Si queremos amor, por ejemplo, no lo pidamos, démoslo.

CAPITULO 6
SEIS LLAVES
PARA LA FELICIDAD
MATRIMONIAL

¡Cuántas veces hubiera querido ser un mago! Cuando una pareja relata sus problemas y sus dolores me encantaría tener una varita mágica para que al tocarlos con ella pudiera decir "y vivieron siempre felices".

Pero, por supuesto, no existe esa varita mágica. Pero sí existen seis llaves que permiten abrir las puertas de la felicidad conyugal. Examinemos cuidadosamente cada una de ellas. El grado con que las usemos determinará el éxito de nuestro matrimonio. Si las descuidamos, nuestro matrimonio será una experiencia desgraciada y miserable. Estas llaves las obtenemos en la Biblia, que es el manual de Dios para el comportamiento humano. Por lo tanto, estamos en condiciones de garantizar la felicidad de quienes las utilicen.

MADUREZ

La madurez es la primera de las seis llaves que abren la puerta a la felicidad matrimonial. En la esfera emocional, esta llave se llama generosidad. Los bebés y los niños son egoístas, de ahí que nos referimos a ellos como inmaturos. Cuando a un niño le sobreviene un arrebato en el supermercado y se tira al suelo gritando y pataleando porque no puede salir con la suya, no hace otra cosa que revelar su egoísmo e inmadurez.

Si a ese niño no se lo disciplina adecuadamente, llegará al matrimonio en un estado tal de inmadurez que pretenderá salirse con la suya en todas las circunstancias. Esa actitud, tan sutil, difícil de ser reconocida por las personas inmaturas, es desastrosa en el matrimonio.

El problema

La etapa de adaptación en el matrimonio, que habitualmente se considera de tres años, plantea una pugna de intereses conflictivos. Durante los primeros veinte o más años de la vida, las personas actúan como engranajes independientes. Sus decisiones las toman sobre la base de lo que quieren o de lo que les conviene. Pero después del casamiento, dos individualidades independientes tienen que aprender a engranar. Desde el momento en que ambos son objetos móviles, y todo movimiento produce fricción, es de esperar que se produzcan esas fricciones hasta que aprendan a moverse como si fueran una sola unidad.

Podemos ilustrar esta fricción según el antiguo sistema de transmisión. En tanto el automóvil está detenido y el motor apagado, podemos mover la palanca engranando las distintas marchas a voluntad, sin problemas. Pero una vez en movimiento, todo cambia. No era raro que las marchas *desengranaran* cuando se le exigía un máximo esfuerzo al vehículo. Los fabricantes de la industria automotriz resolvieron este problema instalando la "marcha sincronizada", que permite ensamblar dos o más marchas, sin el inconveniente de que desengranen.

La *"marcha sincronizada"* en el matrimonio es la *generosidad*. Si dos personas se unen en matrimonio, sus espíritus desprendidos harán que resulte muy fácil la adaptación. Si son inmaturos y egoístas, los primeros años de su matrimonio estarán llenos de *ruidosos desengranamientos*.

El matrimonio está formado por una serie de acciones y de reacciones motivadas por nuestras mentes conscientes o subconscientes. Mientras más activas sean las personas, más serán las áreas potenciales de conflicto. Pero el conflicto no debe ser necesariamente fatal. Todo lo contrario, algunos consejeros sugieren que los conflictos son normales y pueden significar una fuerza creadora en el matrimonio. El Dr. Alfred B. Messer, dirigiéndose a la Convención Americana de Siquiatría, en octubre de 1966, dijo: "Una buena riña resulta beneficiosa para la mayoría de los matrimonios. . ." Las discusiones son inevitables en el matrimonio y es probable que es el mejor medio para resolver cuestiones espinosas. Cuando podemos hablar al respecto o descargar de alguna otra manera nuestras frustraciones, se acaba la pelea. Esos matrimonios que transcurren sin ninguna desavenencia son generalmente matrimonios fríos e inflexibles, en los cuales se comprometen otros aspectos de la relación matrimonial en orden a mantener una fachada de paz y armonía. Si bien los conflictos son inevitables entre dos seres huma-

nos normales, no es peléandose como solucio-
narán sus problemas. Por la gracia de Dios, dos
personas maduras pueden enfrentar sus áreas
de conflicto, discutirlas y resolverlas obedecien-
do los mandamientos de la Palabra de Dios. No
hagamos como el avestruz que esconde su cabeza para no ver los problemas que le afligen.
Debemos encarar y resolver nuestros problemas
en el ESPIRITU. No hay nada de malo en que
surjan problemas de intereses conflictivos entre
marido y mujer. Cada vez que se plantean ponen a prueba nuestra madurez. El cónyuge que
pretende "salirse con la suya" durante tales conflictos va en derechura a un encontronazo cuyo
resultado será una verdadera desgracia para
ambos.

Nunca se obtiene obteniendo

Hace algunos años, al concluir una sesión
como consejero matrimonial, la novia me dijo:
"Su consejo es muy diferente al que me dieron
mis compañeras de oficina, que me dijeron:
*Bonnie, hay una cosa que tienes que tener en
cuenta antes de que te cases y es que los hombres están siempre a la pesca para conseguir
todo lo que puedan. No te entregues demasiado
a tu marido; si lo haces, se aprovechará de ti".*
Esa actitud que ni es cristiana, ni es cierta,
es una de las cosas que ha provocado tanta desdicha en los hogares americanos.

Según el sistema estatuido por Dios, nada se
logra tratando de obtenerlo. La manera de ganar
algo es dándolo. Si queremos amor, por ejemplo, no lo pidamos, démoslo.

Si queremos amigos, no busquemos amigos,
mostrémonos amigables. Lo mismo cabe para
la magnanimidad, la consideración y la generosidad. Si queremos que nuestro cónyuge nos

trate generosamente, seamos entonces lo suficientemente maduros para que, por la gracia de Dios, lo tratemos a él con generosidad.

En primer lugar, ¿por qué nos casamos? La respuesta a esta pregunta nos permitirá tener una idea aproximada sobre nuestra madurez. ¿Nos casamos porque "en mi casa no fui feliz", o porque "me cansé de que mis padres me dijeran siempre lo que tenía que hacer", o porque "todas mis amigas se casaron y no quise quedarme para vestir santos" o porque "quería que alguien me amase?" La mejor actitud que garantizará el éxito en el matrimonio está basada en la generosidad. Las personas maduras irán al casamiento no por lo que puedan obtener sino por lo que puedan entregar al compañero. Hay dos versículos en la Biblia que resultan ser lo más aproximado que exista a una varita mágica y que utilizados por los cónyuges transforman el caos en paz y en armonía:

> Nada hagáis por contienda o vanagloria;
> antes bien con humildad, estimando cada uno
> a los demás como superiores a él mismo;
> no mirando cada uno por lo suyo propio,
> sino cada cual también por lo de los otros.
> (*Fil.* 2:3-4).

Si arribamos al matrimonio munidos de esa actitud —*no mirando por lo suyo propio. . . sino por lo de nuestro cónyuge*—, el nuestro será un hogar feliz. Nunca debemos adoptar la actitud de que es responsabilidad de nuestro cónyuge el hacernos felices. Desde el comienzo debemos reconocer nuestra responsabilidad de hacer feliz a nuestro compañero.

Hay un dicho totalmente erróneo y ajeno a la realidad, muy popularizado y que dice: "El matrimonio es una cuestión del cincuenta por ciento de cada una de las partes". ¡Nada más alejado de la verdad! El matrimonio, bajo la invocación de Dios, es un ciento por ciento contra nada. En otras palabras, debemos ingresar al estado matrimonial con la idea de que hemos de entregarnos íntegramente con el propósito de hacer feliz al cónyuge sin esperar nada en cambio. El resultado será nuestra propia felicidad. Nuestro mayor deseo, en el matrimonio, es hacer la felicidad del cónyuge. Actuando así segaremos felicidad también para nosotros.

Una pareja formada por dos jóvenes talentosos, vino a verme hace algunos años, mostrando a las claras los conflictos matrimoniales que los afligían. George provenía de un hogar estable. Su máximo placer era salir a cazar con su padre los fines de semana. Ellen provenía de un hogar inestable, donde los innumerables conflictos entre sus padres la impulsaron a casarse lo antes posible para salir de allí. A los cuatro años de casados descubrieron que, si bien su amor no había muerto, no habría de pasar mucho tiempo antes que tal cosa sucediera —tal era la encrucijada en que se encontraban—, si no hacían algo al respecto.

Pronto descubrí que los dos estaban desilusionados con los resultados de su matrimonio. Diferían totalmente en sus conceptos sobre lo que era la vida matrimonial. Ellen, acostumbrada a escapar de las frías realidades del *ahora*, soñando en una utopía futura, quería que el matrimonio fuera una "arrobadora experiencia de solaz, del núcleo familiar, particularmente los fines de semana". George imaginaba el matrimonio como una experiencia de esparcimiento cinco noches a la semana, y los fines de semana cazando y pescando con su padre y, algún día —así lo soñaba—, con su hijo. En realidad quiso casarse lo antes posible porque estaba tanto tiempo con Ellen, durante su noviazgo, que no tenía tiempo para dedicarlo a su pasatiempo favorito, la caza.

Aunque parezca raro, ambos sabían cual era el problema; simplemente no se habían decidido a enfrentarlo. Cada vez que planeaba un viaje con su padre, Ellen se enojaba y se intercambiaban ofensivos epítetos. Y las cosas empeoraron cuando se encerró en su caparazón de silencio y frigidez. Por su parte, él no gozaba de la partida de caza sabiendo que las cosas andaban mal en el hogar.

Afortunadamente estas personas eran lo suficientemente maduras para reconocer el hecho de que el matrimonio era más importante que el estar juntos o salir de caza. Llegamos a un acuerdo de que ambos cederían en sus propios deseos. George reduciría a la mitad sus partidas de caza y Ellen, generosamente, lo dejaría ir sin cuestionarlo. Ellen no se sintió muy feliz con el arreglo, pero hizo todo lo posible por no demostrarlo, y logró hacerlo.

Un día, un amigo los invitó a practicar esquí acuático. Los dos eran eximios nadadores y se sintieron como peces en el agua. Pocas semanas después compraron un bote y todos los sábados salen con sus amigos a divertirse juntos.

¿Significó un gran sacrificio para George? Cuando al cabo de algunos meses le pregunté cómo iban las cosas, me contestó: "No sé porqué razón he perdido gran parte de mi interés por la caza y la pesca. Ahora salgo solamente tres o cuatro veces al año. Prefiero practicar esquí acuático con Ellen o hacer otras cosas con ella y los niños". No temamos ceder. A la larga saldremos ganando.

El egoísmo es algo universal

El egoísmo, el más grande de los pecados

individuales del matrimonio, es una parte fundamental de la naturaleza caída del hombre. Todos los distintos temperamentos tienen un denominador común: la debilidad del egoísmo. El egoísmo se manifiesta de diferentes maneras, según los temperamentos. Por ejemplo, el poderoso y extrovertido señor Sanguíneo revela su egoísmo en forma de egolatría y sulfurada impaciencia para con los demás. El moderado y extrovertido señor Colérico traduce su egoísmo en un duro y cruel desprecio por los sentimientos de los demás. El señor Melancólico despliega su egoísmo a través de una introspección egocéntrica que produce temor e indecisión. El callado y sereno señor Flemático pone de manifiesto su egoísmo por su obstinada negativa a verse envuelto en los problemas de su prójimo, ante el temor de verse perjudicado. A consecuencia de ello es habitualmente una persona temerosa.

Pero lo que realmente interesa recordar es que se puede corregir el egoísmo. La Biblia nos dice en 2 *Corintios* 5:17: "De modo que si alguno está en Cristo, nueva criatura es; las cosas viejas pasaron; he aquí todas son hechas nuevas". La construcción griega de este versículo indica un gradual abandono de las cosas viejas, lo cual incluye el egoísmo humano. Cuando Jesucristo entra en la vida de una persona, le crea una nueva naturaleza y si la persona se somete a ella y se nutre de ella, logrará dominar la vieja naturaleza.

Cómo superar el egoísmo

El egoísmo puede ser corregido por el poder de Dios en combinación con la cooperación individual. Dios nos dará el poder necesario si estamos dispuestos a cooperar con El. Ponemos a consideración los siguientes pasos que resultan altamente positivos para transformar el comportamiento egoísta en actos de generosidad y desprendimiento hacia los demás.

1. ¡Reconozcamos al egoísmo como pecado! Mientras seamos incapaces de reconocer que nuestro egoísmo es un pecado que desagrada a Dios y a los demás, nunca podremos pensar en los demás antes que en nosotros mismos. Muchos se excusan sobre la base de que "mis padres me dieron rienda libre y por lo tanto siempre hice lo que quise". El hecho de que nuestros padres cometieron el error de acceder a nuestros caprichos, no limitando nuestras actividades a las áreas que más beneficiosas nos resultaran, no justifica que hayamos de perpetuar ese error por el resto de nuestras vidas. En lugar de ello, reconozcámoslo como un pecado.

2. No tratemos de cubrir nuestro egoísmo escondiéndonos detrás de un éxito académico y económico. La madurez es relativa. Un hombre puede ser un científico brillante o un excelente líder en el trabajo y al mismo tiempo un bebé crecido, como esposo, en el hogar. La esposa puede ser una organizadora eficiente o presidenta del club de mujeres o activa en la iglesia y al mismo tiempo una esposa egoísta, aniñada y desdichada. Hagamos frente a la realidad de que, no importa la posición que hayamos alcanzado en el mundo comercial o académico, si fracasamos en nuestro matrimonio habremos fracasado en una importantísima área de nuestra vida. El egoísmo es el ingrediente más importante en el fracaso matrimonial.

Habremos dado un paso gigantesco hacia adelante en el momento en que reconozcamos el hecho de que nuestro egoísmo —abstracción hecha del comportamiento de nuestro cónyuge— es un pecado ante Dios. Antes de someternos a una intervención quirúrgica, el cirujano debe convencernos de que padecemos de alguna enfermedad o dolencia física. Disimular los síntomas no curará la enfermedad. Y el mismo principio se aplica en el ámbito emocional. En tanto tapemos nuestro egoísmo, lo justifiquemos o lo ignoremos, nunca lo corregiremos. Feliz el hombre que comprende que él, y solamente él, delante de Dios, es responsable de sus acciones y reacciones, y que cuando actúa impelido por motivos egoístas ha pecado contra Dios y también contra sus congéneres.

3. Confesemos nuestro egoísmo como un pecado. Cada vez que actuamos con egoísmo, seamos lo suficientemente objetivos con nosotros mismos para confesar el pecado a nuestro Padre celestial, y asegurémonos de haber sido perdonados (1 *Juan* 1:9). Ante los ojos de Dios no hay pecados chicos y pecados grandes. El pecado es pecado.

4. Pidámosle a Dios que nos libre del egoísmo. "Y esta es la confianza que tenemos en él, que si pedimos alguna cosa conforme a su voluntad, él nos oye. Y si sabemos que él nos oye en cualquier cosa que pidamos, sabemos que tenemos las peticiones que le hayamos hecho" (1 *Juan* 5:14-15). Considerando que no es la voluntad de Dios que seamos egoístas, El nos guiará para cambiar nuestro hábito y comportarnos generosamente.

5. Reparemos el daño que hicimos con nuestro egoísmo. Sea que lo merezca o no, pidámosle disculpas a quien quiera hayamos ofendido por nuestra inmadurez o egoísmo; al hacerlo así aprenderemos a no caer de nuevo en un comportamiento egoísta. Pronto aprenderemos que es mejor no ser egoísta porque es más duro humillarnos y decir: "Estuve mal. ¿Me perdonas?" que abandonar nuestro hábito de comporta-

miento egoísta.

Reproduzcamos esta fórmula cada vez que hagamos o digamos algo inspirados en motivos egoístas. Nos ayudará a ser personas felices, bien adaptadas y generosas, cuya compañía buscan los demás. Además, nuestra madurez así adquirida, inspirará gradualmente una mayor madurez en el cónyuge. Casi sin darnos cuenta comprobaremos que la llave de la madurez abre muchas puertas que nos llevarán a la felicidad de nuestro matrimonio.

SUMISION

No hay ninguna organización que funcione adecuadamente si cuenta con dos cabezas. Y eso es particularmente cierto en el hogar. Uno de los grandes obstáculos a la felicidad hogareña en el día de hoy es la errónea idea de que la mujer no debe estar sujeta a su marido. La educación y la sicología modernas parecieran haberle dado a la mujer la idea de que la sumisión es una noción anticuada que feneció junto con el siglo diecinueve. Pero cuando la sumisión abandona el hogar, por la misma puerta sale la felicidad.

Hoy en día, como nunca antes, tenemos más mujeres, hombres y niños frustrados. Al rodar cuesta abajo la imagen del padre y ascender el papel dominante de la madre, aumentó la delincuencia juvenil, la rebelión, la homosexualidad y el porcentaje de divorcios. Dios estableció que el hombre tiene que ser la cabeza del hogar. Si no lo es, perderá el sentido de la responsabilidad y en su subconsciente se verá casado con una segunda madre. Muy pronto los niños sabrán quién es el jefe, y como adolescentes perderán el natural respeto por su padre, que tan necesario les es para su adaptación a la vida.

Un hogar dominado por la esposa es habitualmente un hogar donde abundan los altercados, hasta que llega un momento, finalmente, en que el esposo cede. Llegado ese momento se mete en su caparazón de introversión y degenera hasta convertirse en un ser sub-humano. Lo triste de todo esto es que, eventualmente, la mujer despreciará al marido que domina.

Un mandamiento de Dios

¡La mujer cristiana debe estar sujeta a su marido! Sea que le guste o no, el sometimiento es una orden de Dios y su negativa a obedecer este mandamiento es un acto de desobediencia. Toda desobediencia es pecado; por lo tanto, no podrá contar con la bendición de Dios sobre su vida, a menos que esté dispuesta a obedecer a Dios. Los siguientes pasajes de la Escritura así lo establecen:

A la mujer dijo: Multiplicaré en gran manera los dolores de tus preñeces; con dolor darás a luz los hijos; y tu deseo será para tu marido, y él se enseñoreará de ti (*Gn.* 3:16).

Las casadas estén sujetas a sus propios maridos, como al Señor; porque el marido es cabeza de la mujer, así como Cristo es cabeza de la iglesia, la cual es su cuerpo, y él es su Salvador. Así que, como la iglesia está sujeta a Cristo, así también las casadas lo estén a sus maridos en todo (*Ef.* 5:22-24).

. . .y la mujer respete a su marido (*Ef.* 5:33).

Asimismo vosotras, mujeres, estad sujetas a vuestros maridos; para que también los que no creen a la palabra, sean ganados sin palabra por la conducta de sus esposas, considerando vuestra conducta casta y respetuosa (1 *P.* 3:1-2).

Aumenta, día a día, la negativa de muchas esposas cristianas a aceptar el principio de sujeción. Algunos años atrás dictamos un curso de estudio bíblico a 45 adultos, de los cuales veintitrés eran mujeres y veintidós hombres. Explicamos los resultados de la maldición que aparece en *Génesis*, capítulo 3 con respecto al hombre, la mujer, la tierra y la serpiente. Señalamos, en cuanto a la mujer, que le alcanzaban dos partes de la maldición: el dolor del alumbramiento y el ser dominada por su esposo. A la semana siguiente tomamos una prueba por escrito y, aunque parezca increíble, en respuesta a la pregunta ¿Cuál fue la maldición que le cupó a la mujer? las veintitrés respuestas femeninas fueron "sufriremos en el alumbramiento" y los ventidós hombres respondieron "será dominada por el esposo". Algunos hombres también escribieron que sufrirían durante el alumbramiento. El hecho de que ninguna de esas veintitrés mujeres —que voluntariamente asistían a la clase bíblica en busca de crecimiento espiritual— se acordaba de la parte de la maldición que la pondría en sujeción al marido, ilustra la tendencia universal de las mujeres a rechazar este mandamiento de Dios.

Las herramientas de Dios para nuestra felicidad

Dios nunca ordena cosas imposibles de cumplir o que no sean para el bienestar de la gente. El Espíritu Santo preguntó en *Romanos* 8:2: "El que no escatimó a su propio Hijo, sino que lo entregó por todos nosotros ¿cómo no nos dará también con él todas las cosas?" La respuesta a esa pregunta es que, si Dios nos amó de tal manera que entregó a su Hijo para que muriera por nosotros, entonces podemos esperar que nos dará solamente las cosas que sean para nuestro bien. Por lo tanto, aceptemos por fe que la sujeción a su marido es para bien de la mujer.

La mujer alcanza un período, generalmente entre los treinta y cinco y cuarenta y cinco años de edad, en que siente la necesidad imperiosa de contar con un apoyo. Si en los primeros años del matrimonio ha sido agresiva y ha dominado a su marido, es él quien se apoya en ella. Luego, cuando alcanza la edad en que ella quiere apoyarse en él, se da cuenta que ha creado un pusilánime y no queda nadie sobre quien hacerlo. Hemos visto a muchas mujeres que a esta edad detestan al hombre a quienes ellas, años atrás, entrenaron para ser esposo dócil y sumiso.

Las mujeres dominantes son la causa de la desdicha que puede reinar en el hogar y alcanza tanto a ella como a su cónyuge. La mujer que se deleita siendo una mandona y dominando a su marido a los veinticinco años de edad, hallará que su vida se tornará en una pesadilla a medida que avanza en edad. Será un acto de fe, en el corazón de una cristiana, el comprender que para la permanente felicidad de ella y de su esposo, es esencial que obedezca a Dios y se sujete a su marido.

La sujeción no es esclavitud

No corre ningún peligro de transformarse en una esclava la mujer que pide la gracia de Dios y la plenitud del Espíritu Santo para capacitarla a vivir en sujeción a su marido. Hemos comprobado el hecho de que muchas mujeres que buscaron sujetarse a sus maridos, en cumplimiento de una convicción espiritual, hallaron que sus maridos reaccionaron con amabilidad y consideración, dando por resultado una cesación de hostilidades entre ambos. Y lo notable es que la misma mujer se da cuenta de que le resulta beneficioso ser sumisa que dominadora. Por cierto que disfrutará de un mejor andar con Dios cuando obedece a su marido, por amor al Señor, que cuando desobedece a Dios para dominar a su marido.

La sujeción no significa que la mujer no puede expresar su opinión "siguiendo la verdad en amor" (*Ef.* 4:15); sino que debe someterse a los deseos de su esposo cuando él toma una decisión, y que cumpla con sus requerimientos dentro de lo que es humanamente posible. Es probable que muchas veces tenga que hacer algo que realmente no quiere hacer, pero si siembra la semilla de la obediencia, en ese aspecto, recogerá la cosecha de innumerables bendiciones, en todos los demás aspectos. Recordemos que siempre cosechamos más de lo que sembramos. Si en obediencia a Dios sembramos sumisión, cosecharemos bendiciones en abundancia; si sembramos rebelión, en desobediencia a la voluntad de Dios, recogeremos abundante desdicha. Algunas mujeres tienen un temperamento más agresivo que sus esposos y reconocemos que les resulta difícil someterse. En realidad, la única manera como se nos ocurre que puedan hacerlo es reconociendo que se trata de una responsabilidad espiritual. Cuando este hecho se hace carne en su mente, cualquier mujer puede llamar en su ayuda a la gracia de Dios y llegar a ser una persona sumisa tal como Dios quiere que lo sea.

Hace algunos años actuamos como consejeros de una mujer que era mucho más agresiva que su marido y estaba consciente de que, a través de los años, si bien su esposo era un hombre educado, era ella quien había tomado las mayores decisiones de la familia. El era un hombre tranquilo y flemático y ella una combinación de temperamento sanguíneo y colérico. De esa manera, cuando los niños se aproximaban a preguntar algo, él se quedaba callado y era ella la que daba las respuestas y tomaba las decisiones. Al alcanzar la edad de treinta y cinco años ella se dio cuenta de que él gradualmente se iba encerrando en una caparazón de aquiescencia en el hogar y ella estaba asumiendo poderes dictatoriales. Cuando se convenció de que ella necesitaba someterse a su esposo por amor al Señor, le pidió a Dios que le ayudara a morderse la lengua y ahogar su intuitiva inclinación a tomar decisiones espontáneas, y esperar a que fuera su esposo quien tomara las decisiones. Quedó asombrada cuando, al cabo de muy poco tiempo, él recogió el guante y gradualmente asumió su prerrogativa de ser él que tomaba las decisiones en el hogar. Lo más interesante de este caso es que en la medida en que ella se sometía, más tomaba él las riendas; y mientras más dirigía más feliz era; y mientras más feliz era él, más feliz era ella. Gradualmente ese hogar cambió, desde el punto de vista de vivir juntos, porque como cristianos despertaron al calor de un nuevo y genuino amor del uno hacia el otro. El caso de esta pareja constituye un vivo ejemplo de que la sujeción de la esposa a su marido es una de las llaves de la felicidad matrimonial.

AMOR

El *amor* es la tercera llave que abre la puerta a la felicidad matrimonial. Probablemente no haya otra palabra, en cualquier idioma que sea, tan erróneamente interpretada como ésta. La mayoría de las personas hoy en día no saben lo que es el amor. A veces confunden amor con atracción física, lujuria, deseo personal, simpatía o pasión. El amor es una de las experiencias más comunes del hombre y una de las más difíciles de definir. Webster dice que es "un sentimiento de vigoroso apego personal inducido por un entendimiento de simpatía o por lazos de parentesco; afecto ardiente".

La Biblia nos dice que el amor del marido por su esposa tendría que ser igual al amor que siente por sí mismo. Dios le ordenó al hombre que amara a su mujer con un amor que sacrifica, así como Cristo amó a la iglesia y se dio por ella (la iglesia). Ninguna mujer puede ser desgraciada si le dan esa clase de amor, y el esposo que brinda esa clase de amor será el recipiente, a su vez, de amor abnegado.

De la misma manera que no podemos ver a Dios, no podemos ver al amor, pero sabemos de su existencia por sus efectos. Es más fácil describir al amor que definirlo. Si bien son innumerables los que han intentado describir el amor, según consta en los anales de la literatura universal, nada es comparable a las magistrales palabras que salieron de la pluma de Pablo en el gran capítulo del amor, 1 *Corintios* 13. Veamos esta hermosa descripción, tal cual la encontramos en la paráfrasis de Kenneth Taylor, en el *Living New Testament*, (*Nuevo Testamento viviente*), versículos 4-7:

El amor es benévolo y muy paciente; jamás celoso ni envidioso, nunca jactancioso ni orgulloso, ni arrogante ni grosero ni egoísta. El amor no exige salirse con la suya. No es irritable ni quisquilloso. No guarda rencor y apenas si se percata cuando otros lo aplican mal. Nunca se gozará de la injusticia, pero se alegra cuantas veces triunfa la verdad. Si amamos a alguien guardémosle lealtad a cualquier precio. Confiemos en él, deseemos lo mejor para él y nunca cedamos un paso defendiéndolo a él.

Henry Drummond, en su libro titulado *The Greatest Thing in the World (La cosa más grande del mundo)*, señala nueve características del amor en el precedente pasaje: paciencia, benignidad, generosidad, humildad, cortesía, abnegación, buen carácter, pureza y sinceridad. Analicemos estas características y examinemos nuestro amor para ver si está a la altura de lo que Dios entiende que debe ser.

Estas nueve características o expresiones de amor traducen el amor de un ser humano a otro en términos inequívocos para cualquiera, abstracción hecha de raza o color. No hay nadie que manifieste su amor en todas sus nueve características. Algunas personas son pacientes y amables por naturaleza, pero tienen mal carácter y son impacientes. Todos, sin excepción, necesitamos el poder del Espíritu Santo para contar con la clase de amor que Dios espera que tengamos para el cónyuge. El Espíritu Santo le brinda al cristiano (*Gálatas* 5:22-23) la capacidad para expresar la plenitud del amor.

Admitimos que el amor que Dios exige de un esposo para su esposa y de la esposa para su esposo es, sin duda alguna, un amor sobrenatural. La auto-conservación es la primera ley de la vida; por lo tanto, amar a otro, como a nuestro propio cuerpo, exige una clase de amor sobrenatural. Es imposible que el hombre, de su propio esfuerzo, pueda amar de esa manera. Sin embargo, puesto que Dios nunca nos ordena hacer cosas para las cuales El nos capacita, podemos recurrir a El, el autor del amor, sabiendo que nos suplirá de esa clase de amor sobrenatural. La Biblia nos dice: "Amados, amémonos unos a otros; porque el amor es de Dios. Todo aquel que ama, es nacido de Dios, y conoce a

Dios" (1 *Juan* 4:7).

Según la orden de Dios, tanto el hombre como la mujer deben amarse entre sí, pero es bueno señalar que en tanto a la mujer se le ordena una vez (*Tito* 2:4) amar a su esposo, el esposo recibe la orden de amar a su mujer no menos de tres veces (*Ef.* 5:25, 28, 33). Y eso ha de ser porque la mujer, por naturaleza, tiene una mayor capacidad para amar.

El amor es benigno

Una de las principales características del amor es la amabilidad. De una u otra manera, muchos de los que sufren problemas matrimoniales, han olvidado la amabilidad. Quieren recibirla, pero se olvidan de darla. Una pareja, a los dos años de casados, vino a verme, en cumplimiento de la promesa que les exijo a todas las jóvenes parejas, previa al casamiento, de que antes de decidir divorciarse vengan a conversar conmigo. Estaban listos para dar por terminado su matrimonio si bien intuían que algo de amor les restaba. El problema radicaba en que eran cáusticos, sarcásticos y cortantes al hablar entre ellos. Esto surgió de nuestra conversación y les encargué que aprendieran de memoria las nueve características del amor; ya que la amabilidad entre ellos brillaba por su ausencia, les pedí que en sus conversaciones aplicaran la "prueba de la amabilidad". Esa prueba consistía en que cada vez que uno se dirigía al otro tenía que preguntarse: "¿Fue amable lo que dije?" Si no lo era, tenían que pedir disculpas y apelar a la gracia de Dios para serlo. Resulta obvio que hacer eso no es nada fácil, pero a los dos meses la pareja había logrado reorientarse al grado de poder ser amables el uno con el otro y, más aún, dio lugar a una renovación de su genuino afecto mutuo.

El amor demuestra aprobación

La mayoría de los sicólogos concuerdan en que la necesidad básica del hombre es el amor y la aprobación. Por esa causa, si una persona no expresa su amor demostrando su aprobación, aunque no sea más que ocasionalmente, tendrá un cónyuge insatisfecho.

Vino a verme una pareja formada por un hombre y una mujer que eran, físicamente, dos polos opuestos. El hombre era un gigante de 1,93 m. de estatura y pesaba 105 kilogramos. La mujer no superaba los 47 kilogramos y medía alrededor de 1,53 m. de altura. Durante el curso de la conversación, el hombre me dijo con una voz cargada de emoción al par que levantaba su enorme puño: "Pastor, jamás en todos los años de casados yo le he pegado a esta mujer". La miré a ella y observé sus lágrimas corriendo por las mejillas, mientras me decía acongojada: "Eso es cierto, ¡pero muchas veces hubiera preferido que me pegara y no que permanentemente me golpeara con su eterna desaprobación!"

Estamos firmemente convencidos de que la desaprobación —más que el denuesto físico— es la forma más cruel de castigo que se puede infligir a un ser humano. Y lo triste de todo esto es que lo que la gente desaprueba de su cónyuge son pequeñeces exageradas al máximo, haciendo que el problema sea mayor de lo que en realidad es. Más de un hombre tendría que admitir que tiene una espléndida esposa, y todo lo que a él le molesta no pasa del diez o del quince por ciento del total de las cosas que ella hace. Su problema radica en que le dio demasiada importancia a lo negativo en lugar de agradecerle a Dios por lo positivo. Es bueno que nos preguntemos con mayor frecuencia: "¿Le expreso mi aprobación a mi cónyuge?" Y esa aprobación debería ser expresada pública —para asegurar a nuestros amigos que amamos a nuestro cónyuge— y privadamente. Muchos hombres han logrado una casa más ordenada por el simple expediente de alabar a su esposa por todo aquello en lo cual era ordenada y no haciendo hincapié en los aspectos en que era desordenada. Tenemos la certeza de que nuestro cónyuge necesita nuestra aprobación para lograr una correcta adaptación en la vida. La mayoría de las personas responden mejor al elogio que a la condenación.

El amor puede ser reavivado

" ¡He dejado de amar a mi esposo! " dijo una joven señora cuyo marido no era cristiano. Estaba buscando la vía equivocada de escape: el divorcio. El no amar al cónyuge no implica necesariamente falta de amor en el otro, pero sí revela la propia falta de amor. Si lo buscamos, Dios nos dará amor para el cónyuge. Como ya lo hemos mencionado, el amor es de Dios (1 *Juan* 4:7). Si queremos amar al cónyuge, podemos hacerlo. Dios nos ha ordenado que le amemos y nos capacitará para hacerlo si se lo pedimos. El "amor" es la primera de las características de una vida llena del Espíritu (*Gá.* 5:22). Si nos percatamos de que nuestro amor empieza a menguar, recurramos a nuestro Padre celestial, el autor del amor, quien nos dará un nuevo amor para nuestro cónyuge. ¡Allí está a nuestra disposición, si tan sólo lo pedimos! Podemos sentirnos inclinados a preguntar "¿Pero vale la pena?", o "¿Se lo merece mi cónyuge?". Eso nada tiene que ver. Debemos amar a nuestro cónyuge por el amor de Dios; pero fundados en el principio de que cosechamos lo que sembramos, el amor nos redundará en amor. Si nos allegamos a Dios por fe solicitando su provisión de amor para entregar al cónyuge, entonces la divina ley de Dios nos traerá amor.

Con la joven señora que acabamos de mencionar, oramos juntos pidiendo esa clase de amor, y Dios se la concedió. Pocas noches atrás, luego del culto, me dijo: "¡No se puede imaginar usted la forma en que Dios me ha devuelto mi amor por mi esposo! Nunca ha sido tan amoroso y considerado en los ocho años que llevamos de casados".

Las mujeres responden al amor

Nunca me canso de maravillarme por el aguante del amor de una mujer. Algunas mujeres me han referido cosas de sus esposos que los harían merecedores del título de "el hombre más ruin de la ciudad" y, sin embargo, terminan asegurando que "pero todavía lo amo". Los hombres nunca aceptarían algunas pocas de las muchas cosas que la mayoría de las mujeres se ven obligadas a soportar. La mejor ilustración del amor humano es la persistencia inmutable del amor de una madre. Cualquiera que sea la causa, estamos persuadidos de que es incomparablemente mayor la capacidad de amor de la mujer hacia el hombre que la del hombre por la mujer. Todavía no he visto una mujer que no responda al amor.

Ningún hombre en su sano juicio pretendería erigirse como una autoridad en la materia mujer. Muchos de nosotros afirmamos que son seres complejos, y en realidad lo son. Al igual que los demás hombres, tampoco pretendemos ser una autoridad en asuntos femeninos, pero después de servir de consejero a centenares del denominado "sexo débil" hemos arribado a una conclusión básica. La mayoría de los hombres —en los Estados Unidos al menos— no saben hacer feliz a una mujer. Hemos aprendido que no es ni el dinero, ni los diamantes, ni las pieles, ni las casas, ni ninguna otra cosa por el estilo lo que hace feliz a una mujer, sino simplemente el amor. Y no nos referimos solamente a "hacer el amor", sino al trato por el cual se llega a ello, es decir, amabilidad, comprensión, aceptación o aprobación, y el reconocimiento, por parte del marido, de que él no es un ser completo sin ella. ¡Feliz la mujer cuyo marido sabe y se lo dice, que si tuviera oportunidad de volver atrás y casarse de nuevo, elegiría la misma esposa. Cuandoquiera que un hombre nos dice: "Mi esposa no me ama más"; estamos seguros de que es un hombre que no ha amado a su esposa "como a su propio cuerpo". Si la amara de esa manera, ella de inmediato le devolvería su amor; tal es la naturaleza de la mujer.

COMUNICACION

¡Los jóvenes enamorados rara vez tienen problemas de comunicación! Parecieran estar dotados de la capacidad para hablar de cualquier cosa. Pero muy a menudo esa capacidad desaparece después del casamiento.

De todas las parejas que vienen a consultarnos, la mayoría padecen de falta de comunicación. Si no es, estrictamente, falta total de comunicación. por lo menos es una comunicación inadecuada. Malo es cuando la comunicación se establece bajo la presión del enojo y de gritar a voz en cuello. Habría que eliminar este tipo de comunicación en todos los matrimonios. Los problemas y diferencias que se plantean en el matrimonio no son peligrosos; lo peligroso es no poder comunicarse diferencias o las áreas de problemas. En tanto dos personas logren mantener abiertas las vias de comunicación y puedan expresar libremente sus sentimientos, pueden allanarse todas las diferencias.

La afirmación de Ann Landers en su columna periodística ilustra la importancia de la comunicación: "El ingrediente aislado más importante en el matrimonio es la capacidad de comunicación. Si la correspondencia que recibo es una fiel imagen de lo que sucede con el señor y la señora América detrás de las puertas de la alcoba —y creo que lo es— la mayor parte de los problemas conyugales nacen de la incapacidad de dos personas para hablar entre sí. ¡Qué preciosa es la habilidad para comunicarse! . . . El hombre y la mujer maduros reconocen que hay unidad en el amor, pero al mismo tiempo tiene que haber libertad para ambos. Ninguno debería ser absorbido por el otro. Cada uno debe mantener su personalidad y su identidad. Para que un matrimonio esté basado sobre sólidos cimientos, tiene que sentirse estrechamente unido, pero también debe significar respeto por los derechos y privilegios del cónyuge. Las parejas que se sienten seguras en el matrimonio pueden ser honestos en todo tipo de sentimiento. . . El hombre y la mujer que pueden ventilar sus diferencias, despojarse de su hostilidad, y luego besarse y hacer las paces, cuentan con una gran probabilidad de envejecer juntos".

Siempre nos ha causado extrañeza la comprobación de que muchas parejas se conforman con una relación matrimonial de segunda categoría debido, principalmente, a que nunca aprendieron a comunicarse. Algunos años atrás una mujer —que no sabía que su marido había hablado conmigo— vino en busca de consejo. Parecía que el problema planteado era que la mujer no estaba totalmente entregada a Cristo. Pero no era ese, realmente, el problema. Algunas semanas después se ofreció a llevarme en su vehículo a mi casa luego de una reunión, y durante el trayecto, espontáneamente me invitó a su casa para hablar con ella y con su marido. El esposo quedó algo sorprendido, pero rápidamente se repuso; y ahí me encontré haciendo un poco de árbitro entre mis dos amigos. Durante veinte minutos ella enumeró, con toda calma, sus quejas escogidas y las objeciones que tenía contra su esposo. Ninguna de las cosas que dijo eran inusitadas ni graves, pero reunidas todas juntas, conformaban en ella un profundo resentimiento. Algunas de las cosas que dijo se remontaban a seis meses después del casamiento. Cuando ella terminó, el marido, con toda calma le preguntó: "Querida ¿por qué no me dijiste todo esto años atrás?" (Estaban casados hacía diez años.) Y ella le contestó: "Tenía miedo de hacerlo. Se me ocurría que podrías explotar".

Sabiendo que en toda disputa hay dos versiones a considerar, le pregunté al marido si él estaba dispuesto a enunciar sus objeciones contra ella de la manera más amable posible. También durante veinte minutos se explayó sobre las debilidades de su mujer y cuando hubo terminado, ella, a su vez, le preguntó: "¿Por qué no me dijiste todo eso antes?" Su respuesta no se hizo esperar. "Pensé que te pondrías furiosa conmigo y te encerrarías en un largo silencio". Al poner en práctica el hábito de la comunicación ese matrimonio aprendió a intercambiar sus sentimientos sin temor y la esposa pudo, finalmente, entregarse plenamente a Cristo.

Los asesinos de la comunicación

¿Por qué se levanta gradualmente esa pared de incomunicación que se interpone entre dos personas que se aman? Por supuesto que ninguno de los dos quiso deliberadamente erigir esa pared; crece paulatinamente desde la primera vez que se interrumpió la comunicación. El Dr. Henry Brandt estudio con un grupo de pastores las tres armas a las que la gente echa mano para defenderse. Al utilizar estas tres armas, los matrimonios construyen una pared de resistencia que imposibilita todo tipo de comunicación.

La primera de esas armas es la *explosión*. La gente no quiere reconocer sus defectos, y cuando alguien se los señala, explotan violentamente, y esa forma de reaccionar se debe a una ira interior reprimida, resultado de un sentimiento de hostilidad. La explosión es un mecanismo de auto-protección. El Dr. Brandt ha señalado que no hay desnudez comparable a la desnudez sicológica. Cuando alguien, y principalmente nuestro cónyuge, nos señala nuestras deficiencias, echamos mano de cualquier cosa para cubrirnos; y si por temperamento somos sanguíneos o coléricos, nos cubrimos con la ira expresada violentamente. Y esto, en claro romance, es decirle a nuestro cónyuge: "No te acerques a mis debilidades íntimas; si lo haces explotaré".

Las *lágrimas* constituyen la segunda de las armas defensivas que malogra la comunicación. La utilizan preferentemente las mujeres, si bien, en algunas ocasiones, también la usan los hombres sanguíneos o melancólicos. Al igual que las otras armas es una forma de decirle a nuestro cónyuge: " ¡Si mencionas mis defectos, lloraré! " La primera riña después del casamiento deja a la mujer en un mar de lágrimas. Esto le enseña al nuevo marido que su mujer tiene un punto débil en su estructura y en adelante, subconscientemente, se abstendrá de hablar para no hacerla llorar de nuevo. De esta manera se ha colocado otro ladrillo en la pared que impide la comunicación.

Es útil que hagamos aquí un paréntesis sobre

las lágrimas femeninas. Los maridos debemos aprender a distinguir entre lágrimas de emoción, de tensión, de alegría y de auto-compasión de nuestras esposas. Las mujerse son seres mucho más intrincados que los hombres, y a menudo traducen sus emociones por medio de las lágrimas. Seamos pacientes y amables, porque el ser emocional con quien nos hemos casado está actuando simplemente como mujer. La mujer que se emociona hasta las lágrimas es capaz de expresar sus emociones en todas las áreas de su vida. Y generalmente ese tipo de esposa responde más a la ternura y a los requerimientos del amor que a la muchacha de ojos secos. Rara vez es frígida la mujer que llora con facilidad y en cambio no es raro que las emociones de esas mujeres que jamás lloran, sean menos cálidas que un témpano. Desde que arribamos a la conclusión que acabamos de exponer, hemos actuado como consejeros de más de mil mujeres y hemos recibido la confirmación práctica de nuestra tesis. ¡Agradezcamos a Dios si nuestras esposas son emocionalmente expresivas! Sus lágrimas testifican de esa riqueza emocional que las hace madres compasivas y esposas amantísimas. Seamos especialmente considerados durante su período menstrual, porque en ese período sus emociones alcanzan su máxima expresión. Una "tierna y cariñosa consideración" (T.C.C.) durante ese período es como depositar un tesoro en el cielo que pagará altísimos dividendos.

La tercera arma es el *silencio*. El silencio es el arma que aprenden a utilizar especialmente los cristianos adultos. Transcurrido un tiempo nos damos cuenta de que no es una actitud cristiana el enfurecernos y explotar ventilando nuestras diferencias para que lo oiga todo el vecindario cuando nuestro cónyuge nos hace enojar o nos señala nuestras debilidades. Además, cuando los niños entran al hogar, no nos gusta llorar frente a ellos; de ahí que los cristianos acuden al silencio; pero el silencio es una arma peligrosísima. Y es peligrosa porque rápidamente ahoga la comunicación y se cobra un alto precio tanto en lo físico como en lo espiritual de las personas. Demanda una gran fuerza de voluntad guardar silencio por un período prolongado; la ira puede alimentar esa fuerza. Puesto que la ira, o el enojo, es una de las principales causas de las úlceras, de la presión sanguínea alta y de muchas otras enfermedades, resulta que el silencio es una arma extraordinariamente costosa para utilizar contra nuestro cónyuge.

Aconsejando a una pareja algunos años atrás, resultó que uno de sus problemas era que el hombre se expresaba pausadamente, mientras su mujer era todo lo contrario. Cada vez que él quería decir algo, ella se impacientaba y le refutaba aún antes de que él terminara de expresar su pensamiento. Su charla interminable semejaba una ametralladora disparando ráfagas contra su marido. Pronto aprendió el hombre que no podía competir con ella en una discusión. Un día lo encontré en la iglesia y le pregunté en forma casual: "¿Cómo andan las cosas?" "Maravillosamente", me respondió: "¡Al fin encontré la forma de manejar a esa mujer!"

Cuando le pregunté cómo lo hacía, me respondió: "Por medio del silencio. Lo único que ella no puede soportar es que yo me quede callado. Cuando me provoca, paso largos períodos sin hablarle. Días atrás pasé cinco días sin dirigirle la palabra". Yo le contesté: "Es un arma muy costosa la que está utilizando, porque el enojo y la amargura reprimidos producen úlceras". Poco me imaginé lo proféticas que serían mis palabras, porque al cabo de unas semanas me enteré de que padecía de una úlcera sangrante.

Cuánto mejor sería si dos personas aprendieran a comentar libremente sus diferencias, y evitar de esa manera no solamente sus problemas sino sus efectos secundarios. Recordemos que el enojo, la amargura y la ira entristecen al Espíritu Santo (*Ef.* 4:30-32). Ningún hombre puede andar en el Espíritu y al mismo tiempo estar furioso con su mujer (*Gá.* 5:16)

Cómo establecer la comunicación

La Biblia nos enseña que tenemos que seguir "la verdad en amor. . ." (*Ef.* 4:15). Pero debemos tener en cuenta, sin embargo, que mientras más verdades digamos, más amor tenemos que poner al expresar esas verdades. La verdad es una peligrosa espada de dos filos, por lo cual tenemos que usarla con muchísimo cuidado. Cuando nos enfrentamos a un área de nuestra vida matrimonial que requiere comunicación, aconsejamos dar los siguientes pasos al presentar nuestro caso.

1. Oremos pidiendo la sabiduría de Dios y la plenitud del Espíritu Santo. Y al pedir esa sabiduría hallaremos muchas veces que las objeciones sobre el comportamiento de nuestro cónyuge han perdido importancia. O, por el contrario, percibimos que el Espíritu Santo nos guía para seguir adelante con nuestro planteo y establecer la comunicación necesaria.

Escojamos un momento que sea apropiado para nuestro cónyuge. Es preferible no discutir nada que sea de carácter serio o negativo después de las doce de la noche. (N. del T.: He cambiado las *diez* de la noche por las *doce* de la noche, porque en España y América Latina las diez de la noche no es tarde.) Tarde de noche la vida misma toma un tinte umbrío y los problemas crecen desproporcionadamente. Por otra parte, si el cónyuge no tiene el hábito de levantarse temprano, tampoco es aconsejable la primera hora de la mañana. Pareciera que la mejor hora es después de la cena. La presencia en la casa de pequeñuelos complica la elección del horario, pero cada pareja debe escoger el momento en que ambos tengan la mejor disposición de ánimo para tratar el asunto con la mayor objetividad.

2. Expresemos la verdad con amor; digamos exactamente lo que queremos decir usando palabras amables. Asegurémonos que nuestro amor no le vaya en zaga a nuestra verdad.

3. No perdamos la cabeza. Las parejas inteligentes se ponen de acuerdo, desde el primer día de casados, que no levantarán la voz entre ellos. Bajo los efectos de la ira decimos más de lo que era nuestro propósito decir, y las palabras que pronunciamos, generalmente, son hirientes, crueles e innecesarias. La ira de uno provoca la dura respuesta del otro. Debemos plantear nuestras objeciones en forma amable y con amor y hacerlo una sola vez, confiando en que el Espíritu Santo utilizará nuestras palabras para efectuar el cambio esperado.

4. Concedamos un tiempo de reacción. No debemos sorprendernos si nuestro planteo provoca una reacción explosiva, especialmente en los primeros tiempos de nuestra vida matrimonial. Tengamos en cuenta que contamos con la ventaja de saber de antemano lo que vamos a decir; además hemos orado y nos hemos preparado para ello, mientras que nuestro cónyuge es tomado de sorpresa. No nos defendamos; más bien permitamos que el cónyuge medite sobre lo que hemos dicho. Tal vez nunca admita que tengamos razón, pero puede provocar un cambio de su comportamiento después de lo que hemos

dicho. Al final de cuentas eso es más importante que obtener un reconocimiento verbal.

5. Encomendemos nuestro problema a Dios. Una vez planteado el problema a nuestro cónyuge, hemos hecho lo que humanamente podemos hacer para modificar su comportamiento. De ahí en adelante debemos confiar en Dios que ayude a cambiar el hábito objetable del cónyuge o nos dé la gracia necesaria para convivir con ese hábito (2 *Co*. 12:9).

Dos reglas de oro

Hay dos expresiones que constituyen dos reglas de oro que toda pareja casada debería repetir reiteradamente a lo largo de su vida matrimonial.

Lo siento. Todo el mundo comete errores. *Romanos* 3:23 señala que "todos pecaron y están destituídos de la gloria de Dios". Pecaremos contra nuestro cónyuge y nuestro cónyuge pecará contra nosotros muchas veces, aún cuando nuestro matrimonio sea lo que pudiéramos considerar como un matrimonio "normal". Pero si estamos dispuestos a reconocer nuestros errores y pedirle a nuestro cónyuge que nos disculpe, hallaremos que cesará la resistencia y prevalecerá un espíritu de perdón. Si no estamos dispuestos a reconocer nuestros errores, entonces está claro que nos afecta una seria enfermedad espiritual: el orgullo.

Actuando como consejero de una pareja, la esposa, con lágrimas en los ojos, me dijo: "Mi esposo nunca me ha pedido disculpas en los veintitrés años de casados". Volviéndome a él le pregunté si nunca cometió nada malo. Rápidamente me respondió: "Por supuesto que sí; después de todo, soy humano". A continuación le pregunté: "¿Y por qué nunca pidió disculpas? '' Y su respuesta fue la siguiente: "No me pareció que era de hombre pedir disculpas; mi padre nunca le pidió disculpas a mi madre". Desgraciadamente este hombre creció en un hogar donde el padre había tomado la tremenda decisión de no disculparse nunca. Y ahora él estaba perpetuando ese error, cosechando la misma dosis de tristeza. Cuando hacemos mal, admitámoslo objetivamente y con honestidad, tanto a nosotros mismos como a nuestro cónyuge.

Te amo es la segunda regla de oro que debemos considerar en el matrimonio. Ya hemos señalado que a todo ser humano le resulta imprescindible que lo amen. Nuestro cónyuge nunca se cansará por oírnos decir que lo amamos o que la amamos. Pareciera que esta expresión amorosa tiene una mayor significación para los hombres que para las mujeres, pero nos inclinamos a creer que la mujer está más inclinada a admitir su necesidad, aunque los hombres también lo necesitan.

Un hombre vino a verme el día después de que su esposa lo abandonó tras quince años de casados. Era un brillante ingeniero con altísimo índice de inteligencia y que ganaba 15.000 dólares por año. Al relatarme el naufragio de su matrimonio reconoció, ante mis preguntas, que a lo largo de los últimos diez años nunca le dijo a su esposa que la amaba. Cuando le pregunté sobre la razón de ello, me contestó: "¿Y por qué habría de hacerlo? Lo he demostrado fielmente durante quince años. No le gustaba la casa en que vivíamos, de modo que compré otra casa. No le gustaba el automóvil y le compré otro para que ella lo usara a discreción. No le gustaban las alfombras, de modo que cambié todo el juego de alfombras de la casa. Si no la amaba, ¿le hubiera dado cinco hijos? "

Lo más notable de todo este triste asunto, era que la mujer se había escapado con un marinero que ganaba 275 dólares por mes y era la viva imagen del esposo, al grado de poder pasar por su hermano mellizo. Exasperado me preguntó: "¿Qué puede darle, por ventura, ese pobre marinero, que yo no le he dado?" Mi respuesta fue: "Solo una cosa: amor".

Tan brillante como era en su profesión, así de ignorante era como esposo. Su problema pudiera no haberse planteado si tan solo hubiera dado algo de sí y haberle hecho saber que la amaba y que contaba con su aprobación. No podía entender que, si bien el decir "te amo" sonaba achiquillada, para su mujer era importante. Tampoco podía entender que si no hubiera sido tan egoísta hubiera expresado en palabras lo que ella quería escuchar. Mientras más nos ama nuestro cónyuge, más disfruta escuchándonos expresar nuestro amor. Digámoslo de corazón y digámoslo a menudo.

ORACION

Ya hemos hablado sobre la oración bajo el título de "Adaptación Espiritual", de modo que no vamos a hacer aquí una larga disquisición. Sin embargo, no estaría agotado el tema de las llaves para abrir las puertas a un feliz estado matrimonial, si no incluyéramos la oración. La oración a nuestro Padre celestial es el mejor medio de comunicación entre dos personas. Muchos de los matrimonios se han transformado completamente al poner en práctica el hábito de la oración en forma regular. Un método que recomendamos entusiastamente es la oración de conversación. Este método lo aprendimos leyendo un artículo en el *King's Business (Los negocios del Rey)* sobre la vida de oración del Dr. Ralph Byron y su esposa. El Dr. Byron es el cirujano jefe del hospital de cáncer City Hope de Los Angeles, California. Aplicamos este método con mi esposa, con algunas leves modificaciones, y experimentamos una rica bendición. El método es el siguiente: todas las noches un miembro de la pareja dirige la oración, orando por un asunto a la vez. A continuación el cónyuge ora por el mismo asunto. Luego el otro ora por el siguiente problema que le aflige y el cónyuge ora por el mismo problema. El procedimiento continúa hasta orar por cinco a diez cosas diferentes. A la noche siguiente le toca al otro cónyuge iniciar las oraciones sobre las aflicciones que los agobian y, de esa manera, orando específicamente por las congojas del otro, no pasa mucho tiempo antes que pesen, sobre los corazones de ambos, las mismas aflicciones. Con mi esposa comprobamos, después de algunas semanas, cuáles eran los problemas individuales que nos afligían, y al final ambos nos identificamos con los problemas y preocupaciones de los dos. Otra bendición que descubrimos fue que durante la oración recordamos compartir cosas de las cuales nos habíamos olvidado mencionar debido al trajín de las ocupaciones diarias. Y este compartir refuerza los lazos que ya existen entre el esposo y la esposa.

Habiendo llegado a un punto muerto con dos matrimonios a quienes tratábamos de ayudar, les pedimos que aplicaran este método de oración. Una de las parejas, que comenzó esa misma noche, habló para decir que no hacían falta más sesiones de consulta, porque "el Señor ha resuelto nuestras dificultades". La otra pareja rehusó adoptar este método de oración y, luego de transcurridos varios meses, es a todas luces claro que siguen viviendo una "paz armada".

Alguien ha dicho que "es imposible pelear con la mujer con quien oramos todos los días". El arrodillarse juntos lleva una connotación de humildad y es emocionalmente beneficioso para ambas partes. Muchas parejas han reconocido que al ponerse de pie luego de orar juntos se sienten más genuinamente unidos que antes de la oración. Hagámoslo y veamos qué pasa.

¿Quién deberá iniciar la oración? Habitualmente el esposo, la cabeza del hogar; pero si él no lo hace, puede hacerlo la esposa. El tiempo que utilicemos en orar juntos bien puede ser el más valioso de nuestras vidas. No esperemos a que las complejidades de la vida nos hagan poner de rodillas. Si esperamos para orar juntos a que se presente alguna dificultad, hallaremos que cuando más necesitamos a Dios, menos lo conocemos. Aprendamos a conocerlo ahora, juntos, en oración, de tal manera que cuando llegue la prueba, podamos orar juntos a Uno a quien ya hemos aprendido a conocer como a un íntimo amigo.

CRISTO

Un conocido principio geométrico establece que *dos cosas iguales a una tercera son iguales entre sí*. Si dos personas tienen, cada una de ellas, una íntima relación personal con Cristo, con toda seguridad que la relación entre ellas será excelente. Jesucristo quiere ser el SEÑOR y SALVADOR de cada uno de nosotros como individuos. Si lo es, el hogar que estamos formando gozará de una paz y de una bendición permanente. Si no es el jefe espiritual de nuestro hogar, nunca habremos de experimentar la plenitud de la bendición que Dios desea para

nuestro matrimonio. Jesús dijo: "Separados de
mí nada podéis hacer" (*Juan* 15:5).

Si todavía no han recibido a Jesucristo, les in-
vitamos a que ahora mismo inclinen sus cabezas
y le inviten a entrar en sus vidas. El dijo, "He
aquí, yo estoy a la puerta y llamo; si alguno oye
mi voz y abre la puerta, entraré a él, y cenaré
con él, y él conmigo" (*Ap.* 3:20). Si lo que ustedes desean es que El entre en sus vidas, todo lo
que tienen que hacer es solicitarlo. Una vez
adentro, entonces El, por su Espíritu, lo dirigirá
en todas las áreas de sus vidas y "suplirá todo lo
que os falte".

La prueba de todo comportamiento matrimonial en relación a Cristo, deberá ser "¿Cuen-
to con su aprobación?". La Escritura enseña
que: "Todo lo que hacéis, sea de palabra o de
hecho, hacedlo todo en el nombre del Señor
Jesús, dando gracias a Dios Padre por medio de
él" (*Col.* 3:17). Jesucristo está interesado en
todas las áreas de nuestra vida: física, emocional,
financiera y espiritual. Viviendo de acuerdo a su
voluntad, tal cual aparece revelada en su Palabra,
no garantiza un matrimonio feliz. Entonces podremos decir:

Cristo es el jefe de esta casa,

El huésped invisible de cada comida,

El silencioso confidente de cada conversación.

Sin lugar a dudas, Cristo es la llave principal
que abre las puertas a la felicidad matrimonial.

Si le pedimos a Dios que nos ayude a utilizar
estas seis llaves en nuestra vida y en nuestro
matrimonio, nuestro hogar se verá ricamente
bendecido y será feliz.

APENDICE A

LLENOS
DEL
ESPIRITU

APENDICE A
LLENOS DEL ESPIRITU

Lo más importante en la vida de cualquier cristiano es contar con la plenitud del Espíritu Santo.[1] El Señor Jesús dijo: "Sin mí nada podéis hacer". Cristo mora en los creyentes en la persona de su Espíritu Santo. De ahí que, si estamos llenos de su Espíritu, El obra fecundamente a través de nosotros. Si no estamos llenos del Espíritu Santo, somos improductivos.

Todo lo que digamos para expresar hasta qué grado dependemos del Espíritu Santo será poco. Dependemos de él para redargüirnos de nuestros pecados antes y después de nuestra salvación, para hacernos entender el Evangelio y nacer de nuevo, para darnos el poder de testificar, para guiarnos en nuestra vida de oración, es decir, para todo. No es de extrañar que los espíritus malignos hayan tratado de imitar fraudulentamente la obra del Espíritu Santo y provocar confusión en su tarea.

Ningún tema de la Biblia ha provocado tanta confusión en el día de hoy, como el tema que se refiere a ser llenos con el Espíritu Santo. Satanás coloca dos obstáculos en el camino del hombre: (1) procura evitar que reciba a Cristo como Salvador y (2) si fracasa en esto, trata de que no entienda la importancia y la obra del Espíritu Santo. Si a pesar de sus esfuerzos en contrario, la persona se convierte, tiene dos maneras de abordarla: hace todo lo posible para que la gente asocie la idea de estar llenos del Espíritu con excesos emocionales o, de lo contrario, se va al otro extremo del movimiento pendular tratando de que ignoren totalmente la existencia del Espíritu Santo.

Una de las falsas nociones en boga —nacida de la enseñanza de alguna gente y no de la Palabra de Dios— es que se produce una "sensación" especial cuando se recibe la plenitud del Espíritu Santo. Antes de explicar cómo se adquiere, esa plenitud, conviene repasar lo que la enseñanza bíblica permite esperar que ocurra, cuando somos llenos del Espíritu Santo.

Qué podemos esperar cuando somos llenos del Espíritu Santo.

1. Los nueve componentes temperamentales característicos de la vida llena del Espíritu, tal cual lo establece *Gálatas* 5:22-23 son: amor, gozo, paz, paciencia, benignidad, bondad, fe, mansedumbre, templanza (auto-control).

¡Toda persona que ha recibido la plenitud del Espíritu Santo manifestará esas características! Y los manifestará, no como resultado de un esfuerzo o por desempeñar un papel, sino simplemente porque el Espíritu controla su naturaleza.

2. Un corazón gozoso y agradecido y un
   espíritu sumiso (*Ef.* 5:18-21).

Cuando el Espíritu Santo llena la vida de un
creyente, la Biblia nos dice que le dará un corazón canoro y agradecido y un espíritu sumiso.

No os embriaguéis con vino, en lo cual hay
disolución; antes bien sed llenos del Espíritu,
hablando entre vosotros con salmos, con
himnos y cánticos espirituales, cantando y
alabando al Señor en vuestros corazones;
dando gracias siempre por todo al Dios y
Padre, en el nombre de nuestro Señor Jesucristo.

Un corazón canoro y agradecido y un espíritu
sumiso, independiente de las circunstancias, es
algo que no condice con la naturaleza humana,
por lo cual solamente podemos apropiárnoslo si
contamos con la plenitud del Espíritu Santo.
El Espíritu de Dios es capaz de cambiar el corazón entristecido o aherrojado, transformándolo
en un corazón que canta y que alaba a Dios.
También tiene la facultad de transformar el espíritu rebelde del hombre, aumentando su fe a tal
grado, que lo convenza de que la vida radiante
es la vida subordinada a la voluntad de Dios.

Los tres resultados de una vida llena del Espíritu son los mismos tres resultados de una vida
llena de la Palabra, tal cual lo encontramos en
Colosenses 3:16-18.

La palabra de Cristo more en abundancia
en vosotros, enseñándoos y exhortándoos
unos a otros en toda sabiduría, cantando
con gracia en vuestros corazones al Señor
con salmos e himnos y cánticos espirituales.

Y todo lo que hacéis, sea de palabra o de
hecho, hacedlo todo en el nombre del Señor
Jesús, dando gracias a Dios Padre por medio
de él.

Casadas, estad sujetas a vuestros maridos,

como conviene al Señor.

No es una mera coincidencia que los resultados de una vida llena del Espíritu (*Ef.* 5:18-21) sean los mismos que los de una vida llena de la Palabra. El Señor Jesús dijo que el Espíritu Santo es "el Espíritu de verdad" y lo mismo dijo de la palabra de Dios cuando manifestó que "tu palabra es verdad". El Espíritu Santo es el autor de la palabra de Dios, y por ello es fácil comprender que se operan los mismos resultados en una vida llena de la Palabra que en una vida llena del Espíritu. Ponemos así al descubierto el error de aquellos que sostienen que el Espíritu Santo se recibe en forma espectacular y de una vez para siempre, y no como resultado de una íntima relación con Dios que Jesús describe como "permaneced en mí". Esta relación la experimenta el cristiano cuando Dios intima con él y llena su vida por medio de la "palabra de verdad" y cuando el cristiano intima con Dios en oración, guiado por el "Espíritu de verdad". La conclusión a que arribamos es que el cristiano que está lleno del Espíritu será henchido de la Palabra y el cristiano lleno de la Palabra, que obedece al Espíritu, será henchido del Espíritu.

3. El Espíritu Santo nos da poder para ser testigos (*Hch.* 1:8).

Pero recibiréis poder, cuando haya venido sobre vosotros el Espíritu Santo, y me seréis testigos en Jerusalem, en toda Judea, en Samaria, y hasta lo último de la tierra.

El Señor Jesús les dijo a sus discípulos que "os conviene que yo me vaya; porque si no me fuere, el Consolador (Espíritu Santo) no vendría a vosotros" (*Juan* 16:7). Eso explica la razón por la cual una de las últimas cosas que hizo Jesús antes de ascender al cielo fue decirles a sus discípulos: "Pero recibiréis poder, cuando haya venido sobre vosotros el Espíritu Santo, y me seréis testigos. . .''

A pesar de que sus discípulos habían acompañado a Jesús durante tres años, habían escuchado todos sus mensajes y eran los testigos mejor entrenados que tenía, les dio instrucciones de que "no se fueran de Jerusalem, sino que esperasen la promesa del Padre (*Hch.* 1:4). Es obvio que todo su adiestramiento resultaba insuficiente para rendir frutos por sí mismos sin el poder del Espíritu Santo. Es bien conocido el hecho de que cuando el Espíritu Santo se derramó sobre ellos el día de Pentecostés, testificaron en su poder, y fueron salvas tres mil personas.

También nosotros podemos tener el poder para testificar, una vez llenos del Espíritu Santo. Plugiera a Dios que hubiera tanto afán de parte de su pueblo en obtener el poder para testificar, como lo tienen en disfrutar de una experiencia de éxtasis o de rapto emocional con el Espíritu Santo.

No siempre se logra percibir el poder para testificar en el Espíritu Santo, pero lo debemos aceptar por fe. Cuando hemos llenado los requisitos para obtener la plenitud del Espíritu Santo, debemos tener la absoluta seguridad de que cuando testificamos lo hacemos por el poder del Espíritu sea que veamos o no los resultados. En razón de que el Espíritu Santo manifestó su presencia el día de Pentecostés de una manera tan dramática —y a que ocasionalmente percibimos la evidencia del Espíritu en nuestras vidas—, llegamos a imaginar que en todos los casos se hace de esa manera, pero no es así. Es perfectamente posible testificar en el poder del Espíritu Santo y no ver que la persona a quien testificamos llegue al conocimiento salvador de Cristo. Dios ha escogido —en su soberana voluntad— no abrogar el derecho al libre albedrío del hombre. De ahí que a un hombre se le puede testificar en el poder del Espíritu Santo y aún así rechazar al Salvador. En esos casos el testigo pudiera albergar la errónea idea de un rotundo fracaso, por el mero hecho de no haber tenido éxito. El éxito al testificar y el poder para hacerlo son dos cosas totalmente distintas.

Tiempo atrás tuve el privilegio de testificar a un hombre de 80 años. Debido a su avanzada edad y a un cierto problema que lo afectaba, puse todo mi empeño para contar con la plenitud del Espíritu Santo antes de ir a su casa. Me escuchó con la mayor atención cuando le expliqué el Evangelio, utilizando las "cuatro leyes espirituales" Luego le pregunté si quería recibir a Cristo en ese mismo acto, a lo cual rápidamente me contestó: "No, no estoy listo todavía". Me retiré asombrado de que un hombre de 80 años de edad me dijera que todavía "no estaba listo" y llegué a la conclusión de que no había testificado en el poder del Espíritu Santo.

Pasado un tiempo fui a visitarlo de nuevo y ya había cumplido 81 años de edad. Nuevamente comencé a exponerle el Evangelio pero me informó que había recibido a Cristo. Había estudiado las cuatro leyes espirituales que le dejé escritas en ocasión de la primera visita y en la soledad de su pieza se arrodilló e invitó a Jesucristo a que entrara en su vida como Salvador y Señor. Meditando sobre esto, me pregunté en cuántas otras veces en mi vida, al no ver una inmediata respuesta, había arribado a la errónea conclusión de que el Espíritu no me había llenado con su poder para testificar.

Cuando la vida de un cristiano está llena del Espíritu Santo es seguro que rendirá abundantes frutos. Porque si examinamos lo que Jesús quiso decir cuando dijo "permeneced en mí" (*Juan* 15), y lo que la Biblia enseña sobre estar "llenos del Espíritu", comprobaremos que es una sola y misma experiencia. Jesús dijo: "El que permanece en mí, y yo en él, éste lleva mucho fruto. . ." De ahí sacamos la conclusión de que la vida perdurable o la vida llena del Espíritu rendirá fruto. Pero es un error tratar de saber, de antemano, cada vez que testificamos, si estamos o no facultados por el Espíritu para hacerlo. En lugar de ello, lo que tenemos que hacer es cumplir con las condiciones exigidas para ser henchidos por el Espíritu y luego creer —no por los resultados obtenidos o por la demostración visual o sentimental, sino por fe— que tenemos la plenitud del Espíritu.

4. El Espíritu Santo glorifica a Jesucristo (*Juan* 16:13-14).

Pero cuando venga el Espíritu de verdad, él os guiará a toda la verdad; porque no hablará por su propia cuenta, sino que hablará todo lo que oyere, y os hará saber las cosas que habrán de venir.

El me glorificará; porque tomará de lo mío, y os lo hará saber.

Un principio fundamental referido a la obra del Espíritu Santo es que no se glorifica a sí mismo sino que glorifica al Señor Jesucristo. En toda oportunidad en que alguien —que no sea el Señor Jesús— reciba mérito o gloria alguna, podemos tener la más absoluta certeza de que ello no es el resultado de la obra o de la dirección del Espíritu Santo, porque su misión específica es glorificar a Jesús. Este es el test que hay que aplicar a cualquier tarea que pretenda ser obra del Espíritu Santo.

El fallecido F.B. Meyer relató la historia de una misionera que asistió a una conferencia bíblica en la cual él habló sobre el tema de cómo recibir la plenitud del Espíritu Santo. Al finalizar la conferencia, la misionera habló con él y le confesó que nunca, conscientemente, se sintió llena del Espíritu Santo, y que ese mismo día haría un retiro espiritual en la capilla, escudriñando su alma, para ver si podía obtener la ansiada plenitud.

Tarde esa noche volvió, en momentos en que Meyer se retiraba del auditorio. El le preguntó: "¿Qué tal le fue, hermana?" "No estoy segura", le respondió ella. A continuación le preguntó qué había hecho todo ese día, a lo cual la misionera le respondió que había leído la Biblia, había orado, confesando sus pecados y pidiendo ser llenada del Espíritu Santo. Y agregó: "No me siento llena del Espíritu Santo". Meyer luego le preguntó: "Dígame, hermana, ¿cómo andan las cosas entre usted y el Señor Jesús?" Su rostro se iluminó con una sonrisa y le dijo: "Oh, Dr. Meyer, jamás en mi vida he gozado tanto de la comunión con el Señor Jesús como en esta oportunidad". A lo que él le respondió: "¡Hermana, ese es el Espíritu Santo!" En todos los casos el Espíritu Santo hará que el creyente sea más consciente del Señor Jesús que de sí mismo.

Hagamos un resumen de lo que es dable esperar cuando somos llenos con el Espíritu Santo. Es muy simple, pues no se trata de otra cosa que de las nueve características temperamentales del Espíritu, un corazón agradecido, que canta, una actitud sumisa y el poder para testificar. Estas características glorificarán al Señor Jesucristo. ¿Y qué podemos decir sobre "sentir" algo o experimentar un "estado de éxtasis"? Nada nos dice la Biblia en cuanto a experimentar esas cosas cuando somos llenos del Espíritu Santo; por lo tanto, no debemos esperar lo que la Biblia no nos **promete**.

Cómo ser henchidos por el Espíritu Santo

El ser henchidos del Espíritu Santo no es una disposición opcional en la vida del cristiano, sino un mandamiento de Dios. *Efesios* 5:18 nos dice: "No os embriaguéis con vino, en lo cual hay disolución; antes bien sed llenos del Espíritu". Es una afirmación en modo imperativo y por ello debemos tomarlo como un mandamiento.

Dios jamás pretende lo imposible con sus mandamientos. Por lo tanto, si nos ordena —como lo hace— que seamos llenos del Espíritu Santo, luego tiene que ser factible. Vamos a indicar cinco pasos sencillísimos que hay que dar para ser llenos del Espíritu Santo.

1. Examen de conciencia (*Hch.* 20:28 y 1 *Co.* 11:28).

Todo cristiano interesado en ser henchido con el Espíritu Santo debe observar regularmente el hábito de "examinarse a sí mismo". Y al examinarse no debe hacerlo para comprobar si está a la altura de otra gente o de las tradiciones y requerimientos de su iglesia, sino a la altura de los resultados que se obtienen de estar lleno del Espíritu Santo, según lo mencionamos anteriormente. Si de ese examen resulta que no está glorificando a Jesús, que carece del poder para testificar, que le falta un espíritu gozoso y sumiso o los nueve rasgos temperamentales del Espíritu Santo, entonces su examen de conciencia le revelará las áreas donde existe un déficit, y sabrá cuál es el pecado responsable de ello.

2. Confesión de todo pecado conocido (1 *Juan* 1:9).

Si confesamos nuestros pecados, él es fiel y justo para perdonar nuestros pecados y limpiarnos de toda maldad.

La Biblia no hace una evaluación discriminatoria de pecados, sino que los juzga a todos por igual. Después de examinarnos a la luz de la Palabra de Dios, tenemos que confesar todos los pecados que el Espíritu Santo trae a nuestra mente, incluyendo las características que nos falten de la vida llena del Espíritu. Mientras no llamemos a las cosas por su nombre y designemos como pecado nuestra falta de compasión, nuestra falta de templanza, nuestra falta de humildad, nuestro enojo en lugar de benignidad, nuestra amargura en lugar de mansedumbre y nuestra incredulidad en lugar de fe, nunca podremos aspirar a ser henchidos por el Espíritu Santo. En cambio, en el momento en que reconocemos que estas deficiencias constituyen un pecado y así lo confesamos a Dios, él nos "limpiará de toda maldad". Mientras no actuemos así no tendremos la plenitud del Espíritu Santo, porque él solamente utiliza instrumentos para honra (2 *Ti.* 2:21).

3. Total sometimiento a Dios (*Ro.* 6:11-13).

No reine, pues, el pecado en vuestro cuerpo mortal, de modo que lo obedezcáis en sus concupiscencias;

Ni tampoco presentéis vuestros miembros al pecado como instrumentos de iniquidad, sino presentaos vosotros mismos a Dios como vivos entre los muertos, y vuestros miembros a Dios como instrumentos de justicia.

Así también vosotros consideraos muertos al pecado, pero vivos para Dios en Cristo Jesús, Señor nuestro.

Para ser llenos con el Espíritu Santo debemos ponernos íntegramente a disposición de Dios para hacer todo aquello que el Espíritu Santo nos ordene. Si nos negamos a ser lo que Dosi quiere que seamos o a ejecutar lo que Dios quiere que hagamos, estamos resistiendo a Dios ¡que es una manera de poner límites al Espíritu de Dios! ¡No cometamos el error de tener miedo de entregarnos a Dios! *Romanos* 8:32 nos dice que "El que no escatimó ni a su propio Hijo, sino que lo entregó por todos nosotros, ¿cómo no nos dará también con él todas las cosas? " Este versículo no deja lugar a dudas de que si Dios nos amó de tal manera que dio a su Hijo para morir por nosotros, lo único que le interesa es nuestro bien y, por lo tanto, podemos confiarle nuestras vidas. Nunca hemos de hallar un cristiano desdichado que vive de acuerdo a la voluntad de Dios, porque siempre acatará sus directivas con ansias de hacer su voluntad.

Por supuesto que la resistencia rebelde al Señor impide ser llenos del Espíritu. Israel limitó al Señor, no solamente por incredulidad, sino, como lo dice el *Salmo* 78:8 por ser una "generación contumaz y rebelde; generación que no dispuso su corazón, ni fue fiel para con Dios su espíritu". Toda resistencia a la voluntad de Dios impedirá la plenitud del Espíritu Santo. Para ser henchidos con este Espíritu, debemos someternos a su Espíritu, de la misma manera que un hombre, para embriagarse, tiene que someterse al vino.

Efesios 5:18 dice: "No os embriaguéis con vino. . . antes bien sed llenos del Espíritu". El borracho consuetudinario vive y actúa dominado por los efectos del alcohol. Cuando el cristiano está lleno del Espíritu Santo, queda bajo su dominio, y actúa de acuerdo a sus dictados. Este es el paso más difícil que debe dar el cristiano consagrado, puesto que siempre podremos encontrar un propósito digno para nuestras vidas, no dándonos cuenta, cuando queremos servir al Señor, que muchas veces estamos pletóricos de nosotros mismos, en lugar de estarlo del Espíritu Santo.

Colaborando en un campamento para estudiantes secundarios y universitarios, tuvimos ocasión de escuchar un emocionante testimonio de un estudiante ministerial quien nos dijo que acababa de comprender lo que significaba estar lleno del Espíritu Santo. Sostuvo que nunca fue culpable de los pecados carnales más comunes en que caen los cristianos. Reconocía una sola área de resistencia en su vida. Le encantaba predicar, y lo entusiasmaba la posibilidad de llegar a ser un pastor o un evangelista, pero no quería que el Señor lo enviara al campo misionero. Durante esa semana el Espíritu Santo le habló al muchacho juntamente sobre esa vocación, y cuando se sometió totalmente al Señor y le dijo "Sí, iré hasta los confines de la tierra", experimentó por vez primera la plenitud del Espíritu Santo. Y a continuación nos dijo: "Y al fin y al cabo, no creo que el Señor quiere que sea un misionero; solamente quería probarme si estaba dispuesto a serlo".

Cuando entregamos nuestra vida a Dios no debemos hacerlo imponiendo condiciones de ninguna naturaleza. Dios es amor y, por lo tanto, podemos entregarnos con toda tranquilidad y sin reservas, sabiendo de antemano que sus planes para nuestra vida son mejores que los nuestros. Además debemos recordar que una actitud de entrega total es absolutamente imprescindible para ser henchidos del Espíritu de Dios. Nuestra voluntad responde a la voluntad de la carne, y la Biblia dice que "la carne para nada aprovecha".

A veces es difícil determinar el sometimiento cuando ya hemos resuelto los cinco grandes interrogantes de la vida: (1) ¿A qué universidad iré? (2) ¿Cuál es mi vocación? (3) ¿Con quién me casare? (4) ¿Dónde viviré? (5) ¿A qué iglesia iré? El cristiano que está lleno del Espíritu Santo será sensible a la dirección del Espíritu tanto en las pequeñas como en las grandes decisiones a tomar. Pero hemos observado que numerosos cristianos que han tomado sabias decisiones en los cinco grandes interrogantes todavía no están llenos del Espíritu.

Alguien ha sugerido que el estar sometido al Espíritu es estar a disposición del Espíritu. Un buen ejemplo de esta sugerencia es el incidente de Pedro y de Juan relatado en *Hechos* 3. Se dirigían al templo a orar cuando vieron un cojo pidiendo limosna. Justamente porque eran sensibles al Espíritu Santo, lo curaron "en el nombre de Jesucristo de Nazaret". El hombre, andando a saltos comenzó a alabar a Dios, lo cual atrajo a una multitud. Pedro, todavía sensible al Espíritu Santo, comenzó a predicar; "muchos de los que habían oído la palabra, creyeron; y el número de los varones era como cinco mil" (*Hch.* 4:4).

Muchas veces estamos tan enfrascados en una buena actividad cristiana, que no estamos "disponibles" cuando nos guía el Espíritu. En mi propia experiencia he constatado que cuando alguien me ha pedido que haga una buena acción y me he negado a hacerlo, es la carne y no el Espíritu la que ha obrado. Más de un cristiano ha respondido con un rotundo "no" cuando el Espíritu Santo le ha ofrecido la oportunidad de enseñar en la escuela dominical. Podrá argüir que fue el superintendente de la escuela dominical el que hizo el ofrecimiento, pero él, antes de hacerlo, buscó la dirección del Espíritu Santo. Muchos cristianos dicen " ¡Heme aquí, Señor, utilízame! " pero cuando se les pide hacer visitación o testificar, están demasiado ocupados pintando, o jugando al Bowling u ocupados en otra cualquier actividad que interfiere. ¿Cuál es el problema? Simplemente que no está disponible. Cuando un cristiano se somete a Dios, "como vivo de entre los muertos", se da tiempo para hacer lo que el Espíritu le indica que haga.

4. Pedir ser henchidos del Espíritu Santo (*Lc.* 11:13).

Pero si vosotros, siendo malos, sabéis dar buenas dádivas a vuestros hijos, ¿cuánto más vuestro Padre celestial dará el Espíritu Santo a los que se lo piden?

Cuando un cristiano ha hecho un minucioso examen de conciencia, ha confesado todos sus pecados conocidos y se ha sometido sin reservas a Dios, está listo para hacer la única cosa que debe hacer para recibir el Espíritu de Dios. Simplemente, pedir ser llenado con el Espíritu Santo. Toda insinuación a los creyentes de hoy de que deben esperar o demorar o esforzarse o sufrir, es insinuación humana. La única excepción fueron los discípulos, que tuvieron que esperar a que llegara el día de Pentecostés. Desde ese día en adelante, lo único que tienen que hacer los hijos de Dios es ser llenos del Espíritu, y serán henchidos.

El Señor Jesús compara esto con el trato que damos a nuestros hijos terrenales. Por supuesto que un buen padre no obligará a sus hijos a pedirle algo que él ya les ordenó tomar. Cuánto menos nos obligará Dios a rogar ser llenos del Espíritu Santo cuando él ya lo ha ordenado. ¡Es así de simple! Pero no olvidemos el quinto paso.

5. ¡Creamos estar llenos del Espíritu Santo! Y seamos agradecidos por ello.

Pero el que duda sobre lo que come, es condenado, porque no lo hace con fe; y todo lo que no proviene de fe; es pecado. (*Ro.* 14:23).

Dad gracias en todo, porque esta es la voluntad de Dios para con vosotros en Cristo Jesús (1 *Ts.* 5:18).

Para muchos cristianos este es el punto donde

ganan o pierden la batalla. Después de examinarse, confesar sus pecados conocidos, someterse a Dios y pedir ser llenos del Espíritu, se ven enfrentados a tomar una decisión: creer que están llenos o retirarse en incredulidad, en cuyo caso han pecado porque "todo lo que no proviene de fe es pecado".

El mismo cristiano que al actuar en forma personal le dice al nuevo converso: "Acepte la palabra de Dios en todo lo concerniente a la salvación", halla difícil aplicar ese consejo a sí mismo respecto a ser lleno del Espíritu Santo. Puede asegurarle a un recién nacido en Cristo —que carece de la seguridad de la salvación— que no debe dudar un instante de que Cristo ha entrado en su vida porque El prometió hacerlo así si se lo invitaba, y "Dios siempre guarda su palabra". Qué hermoso sería si ese mismo obrero sincero del Señor le creyera a Dios cuando dijo: "¿Cuánto más vuestro Padre celestial dará el Espíritu Santo a los que se lo piden?" Si hemos cumplido los cuatro primeros pasos, entonces agradezcamos a Dios el haber sido llenados por fe. No debemos esperar extrañas sensaciones, ni señales físicas, sino que debemos ajustar nuestra fe a la Palabra de Dios que es independiente de todo sentimiento. Podemos tener una sensación de seguridad al recibir la plenitud del Espíritu, como consecuencia de tomarle a Dios su palabra y creer que El nos ha llenado, pero eso es un efecto y no la causa de haber sido llenados y ni siquiera determina si estamos o no llenos. Creer que estamos llenos del Espíritu es simplemente tomarle la Palabra a Dios, que es lo único absoluto que existe (*Mt*. 24:35).

APENDICE B

DE MIS

ARCHIVOS

DE CONSEJERO

APENDICE B
DE MIS ARCHIVOS
DE CONSEJERO

Una de las más preciadas recompensas de un pastor es ver cómo el poder de Cristo transforma a un matrimonio desdichado en un matrimonio feliz. El pastor tiene ocasión de ver esta transformación en forma gráfica, en el despacho de consejero, más que en ninguna otra parte. Cada pastor tiene sus propios métodos para actuar como consejero y ninguno de esos métodos es perfecto. Los relatos que siguen han sido tomados de la vida real con las naturales modificaciones de nombres y detalles que pudieran identificar a los actores, evitando así traicionar el secreto confidencial. Quiero hacer conocer algunos de los principios sobre los que baso mi tarea de consejero y relatar algunos casos reales de éxitos y fracasos, porque estoy persuadido de que las historias verdaderas, tocante a seres humanos, son similares a situaciones y sucesos que tocan a otros. Además estos episodios ayudarán a ilustrar los principios tratados en este libro.

La tarea de consejero pastoral es, para mí, una fascinante oportunidad de ayudar a la gente en la aplicación práctica de los principios establecidos en la Biblia. Algunas personas pueden aceptar los principios tal cual han sido expuestos en la predicación en la iglesia y aplicarlos a su manera. Otros, debido a su formación, temperamento y demás factores, necesitan ayuda personal para aplicar las enseñanzas correctamente. Cuando las personas acuden al médico o al dentista, lo hacen buscando básicamente dos cosas: diagnóstico y tratamiento. De manera similar ocurre con las personas que recurren a un consejero. Quieren un diagnóstico a su problema y piensan que el consejero puede darlo más objetivamente, debido a su entrenamiento y experiencia, y porque no está emocionalmente involucrado. Cuando la gente recurre al consejero generalmente se lo imagina dándoles un remedio basado en la Palabra de Dios. En realidad, el secreto de la terapia depende del paciente. Si toma el remedio —los principios establecidos por Dios, y se apropia del poder de Dios para aplicarlo a su vida y matrimonio—, puede esperar un pronóstico favorable y curarse. Por esa razón, no siempre la tarea del consejero se ve coronada por el éxito. A veces las personas rehusan aceptar e incorporar a su vida los principios de Dios. Otras veces concuerdan con el consejero en que los principios son buenos pero son tan obstinadamente tercos que rehusan cambiar sus hábitos de vida por los hábitos que exige Dios. Un médico nada puede hacer por un obstinado que se niega a cambiar sus hábitos alimentarios. Nada tampoco puede hacer un consejero por una persona egoísta, dominante, temible, licenciosa, a menos que reconozca sus defectos a la luz de la Palabra de Dios y le pida a Dios el poder necesario para cambiar sus hábitos y manera de vivir.

Veinticinco años de demora

Una noche, después del culto, un adulto de edad mediana pidió hablar conmigo. "Necesito a Dios", me dijo. En el curso de la conversación me informó que su padre, un pastor, le rogó muchas veces que recibiera a Cristo, pero que él rehusó hacerlo. Ahora, después de veinticinco años de casados, se daba cuenta que había sido egoísta, cáustico y cruel para con su esposa y había destruido su matrimonio. Su esposa acababa de decirle que había dejado de amarlo y estaba gestionando el divorcio, por lo cual sentía que debía volver a Dios. Conocía bien el Evangelio. Recibió a Cristo, confesando su pecado e invitando a Jesucristo a entrar en su vida como Señor y Salvador. Le indiqué algunos versículos de las Escrituras que le daban la seguridad de su salvación y algunas sugerencias de cómo leer la Biblia y orar. Al abandonar mi despacho me preguntó: "¿Hablaría usted con mi esposa?" "Naturalmente", le respondí.

Pocos días después vino a verme su esposa y reconozco que no estaba preparado para hablar con ella. Era una mujer de mirada penetrante, dueña gerente de un salón de belleza y dinámica en toda la extensión de la palabra. "He terminado", me dijo. "Me ha maldecido, me ha golpeado, me ha rebajado, me ha reprendido verbalmente y me ha vejado hasta que en mi corazón no queda por él más que un profundo odio. Mientras más pronto salga de mi vida, mejor será para mí". Había trabajado y ahorrado durante años para que, al terminar su hija la secundaria, tuviera independencia económica. Había alcanzado su meta de "poder hacer lo que ella quisiera". Rehusó hablar de cosas espirituales con el argumento de que "Si acepto a Cristo tendré que quedarme con él por el resto de mi vida y antes de eso prefiero quemarme en las llamas del infierno. ¡Jamás debí casarme con él! ''

Comprendí lo que habría tenido que soportar durante años esta mujer de temperamento colérico. No lo sabe, pero la esperan peores días en adelante si persiste en su airada y hostil terquedad. Su melancólico esposo la desilusionó en la primera semana del casamiento. Si bien la amaba, la molestaba permanentemente encontrándole faltas, porque ella no estaba a la altura de sus normas perfeccionistas. A ella le exasperaban sus críticas y su actitud temperamentalmente indecisa y lenta en todo lo que hacía. Como era ella la que hablaba más rápido, lo flagelaba con sus palabras hasta el punto en que él se sentía tan frustrado que terminaba golpeándola.

El hombre asiste regularmente a la iglesia y está creciendo espiritualmente a ojos vista. Pero cada vez que lo veo no puedo evitar pensar: "Si tan sólo hubiera recibido a Cristo en su juventud hubiera sido menos egoísta y crítico y hubiera evitado toda esta dolorosa situación. Hubiera sido más cariñoso y amable con su esposa y no se hubiera destruido su hogar". Tantas parejas hay que no se dan cuenta de que las palabras crueles e iracundas, al igual que las heridas físicas, dejan profundas y permanentes cicatrices.

Todavía no se ha escrito el último capítulo de esta historia. Después de la última entrevista le dije a la mujer: "El Señor está siempre a mano para ayudarla a levantar los trozos de su vida si tan solo se lo pide". Tal vez se arrepienta de su obstinación y le dé a Dios la oportunidad de cambiarla como está cambiando a su marido. ¡Cuán maravilloso sería si pudieran vivir los próximos veinticinco años en felicidad matrimonial!

No todos los peores casos terminan en un divorcio permanente. Tres años atrás serví de consejero a una mujer colérica y a un hombre melancólico, casi idéntico al caso mencionado anteriormente, aparte de que estaban casados solamente desde hacía diez años. Después de una aventura como camarera en un salón de bebidas, hizo todo lo que se le ocurrió hacer en la vida, hasta que finalmente reconoció el hecho de que a los treinta y cuatro años de edad era una mujer verdaderamente desdichada. Su melancólico esposo creció tanto espiritualmente que le fue imposible no ver el cambio producido en él. Cuando iba a su casa a visitar a los niños constató una amabilidad y consideración casi desconocida en él.

Ahora él es más paciente, comprensible y considerado. En realidad, deja traslucir una confianza que le facilita tomar decisiones y ser flexible en los momentos de tensión. Finalmente la mujer reconoció que Jesucristo había corregido de tal manera las debilidades de su esposo, que se mostraba superior a todos los hombres que ella había conocido y pidió una reconciliación. Solamente Jesucristo podría darle a un hombre —particularmente a uno de temperamento melancólico— la gracia para perdonar y olvidar esos tres años de pecado.

Letargo espiritual

Otra esposa de temperamento colérico vino a verme un día y llorosa me contó que ella y su esposo se estaban apartando gradualmente. Ella amaba a su esposo y sentía que él la amaba a ella, pero "seis meses más de esto y terminaremos odiándonos". Su esposo, un hombre talentoso pero algo abúlico, era socio comercial con su padre. Ella y el suegro disputaban sobre la manera en que su esposo manejaba el negocio. Me dijo: "Si sigue como hasta ahora, pronto estará en bancarrota". Al parecer, en una fiesta de Navidad en la casa de los suegros, el asunto explotó tan estruendosamente que nada tendrían que envidiarle los campos de prueba de las bombas atómicas.

Todas las personas involucradas eran cristianas profesantes. Al conversar conmigo admitió su propio letargo espiritual y que no había hecho nada para poner coto a su ira y hostilidad, que habían tomado carta de ciudadanía en su vida. Desde el punto de vista humano, estaba plenamente justificada en su indignación. Y al permitir que en su mente creciera el encono, se hizo imposible comunicación alguna; en lugar de ello, su enojo fue creciendo a tal punto que explotaba con palabras iracundas y sarcásticas que provocaban en otros un dolor innecesario. En realidad no estaba en su ánimo haberlas pronunciado y hubiera querido retirarlas. Leímos juntos y comentamos *Efesios* 4:30-32. Finalmente comprendió que el enojo y la ira eran un pecado. Una vez que reconoció ese hecho dio el primer gran paso. Entonces comprendió que tenía que seguir el ejemplo de Cristo y tomar en cuenta sus instrucciones de cómo ser esposa y madre, y no tratar de dirigir el negocio de su marido.

La señora me formuló algunas preguntas, sin duda pertinentes "¿Pero no hay nada que yo pueda hacer sobre los principios anticristianos que mi suegro aplica en nuestra firma? Estoy segura que si continúa haciéndolo la destruirá. ¿Debo quedarme sentada y no hacer nada?" "Sí" le contesté, "hay varias cosas que puede hacer. En primer lugar, arregle sus cuentas con Dios, concéntrese en caminar con El, y encomiéndele su negocio. Cuando el Espíritu Santo la dirija, puede hablar "la verdad en amor" a su marido. ¡Pero no enojada! Recuerde que su esposo está entre la espada y la pared, entre su lealtad a sus padres y su lealtad a su esposa. Su matrimonio es mucho más importante que el negocio. Su responsabilidad es ser una buena esposa; la responsabilidad de Dios es atender a su negocio. Si se dedica ser una esposa amante y agraciada, Dios dirigirá el negocio". Luego le expliqué de qué manera el Espíritu Santo podía vencer su debilidad, y se retiró.

No pasó mucho tiempo antes que su esposo se diera cuenta de que su mujer había cambiado. Al tranquilizarse y no ejercer más su presión sobre él desapareció su resentimiento y la luz del amor volvió a brillar en ese matrimonio. Al no escuchar más su voz machacando siempre sobre el mismo asunto, pudo oir la voz de Dios hablándole sobre su indiferencia espiritual. Y al crecer espiritualmente se alarmó sobre los procedimientos comerciales de su padre e insistió sobre un cambio de política. Ahora el negocio está floreciente, pero más importante aún es el cambio operado en las relaciones de la pareja entre sí y con Dios. Recientemente me enviaron un vecino a quien habían guiado a Cristo para que hablara conmigo. Cuando pregunté qué fue lo que le hizo aceptar a Cristo, me contestó: "Se debe a la vida de ese matrimonio; nunca ví nada parecido. Estas dos personas se aman de una manera como yo nunca he visto".

Temores superados

El poder que tiene Jesucristo para curar el temor puede ser gráficamente ilustrado con lo ocurrido a la esposa de un neurólogo en nuestra ciudad. Si bien era una católica romana, vino a verme por recomendación de unos vecinos, fieles testigos cristianos. Sus temores, de larga data, se transformaron en una verdadera fobia después del suicidio de su padre y se agravaban a ojos vista. Sufrió prolongados períodos de depresión, la aterrorizaba estar sola y sentía una rara debilidad muscular cuando en el centro de la ciudad se veía rodeada de gente extraña; además se operó en ella una fobia contra los ascensores. Sus temores hicieron que su esposo se alejara de ella. Finalmente la situación matrimonial hizo crisis cuando su esposo médico perdió la paciencia y le dijo: "Todo el día tengo que tratar mujeres como tú. No quiero tener otra paciente en mi hogar todas las noches".

A pesar de su terrible inseguridad amaba a su esposo tiernamente. Sólo Dios sabe si hubiera llevado a cabo sus amenazas de suicidio en el caso de que él la hubiera abandonado. Pero es tan grande la transformación de esa señora, que es muy dudoso que el marido quiera dejarla. En su primera entrevista conmigo invitó a Jesucristo a entrar en su vida. En las entrevistas subsiguientes le indiqué algunas de las causas de sus temores y le receté los métodos curativos de Dios.

Al comienzo le resultó difícil reconocer el hecho de que su depresión era provocada por un cuadro de auto conmiseración. Al relatar su historia se puso en evidencia que cuando niña tenía un profundo resentimiento contra su padre que bebía demasiado y se creó el hábito de sentir lástima por sí misma, debido a la miserable vida que su padre les daba a ella y a su madre. Le expliqué que si reconocía que su auto conmiseración era un pecado, lo confesaba (1 *Juan* 1:9) y le pedía a Dios que le quitara el hábito de sentir lástima por ella misma (1 *Juan* 5:14-15), El lo haría. Luego le recordé el consejo de Pablo de que "olvidando ciertamente lo que queda atrás, y extendiéndome a lo que está delante. . ." Tomó tiempo, pero gradualmente aprendió a dar gracias (1 *Ts.* 5:18) en lugar de quejarse. Pronto la depresión dejó de ejercer su tiránico poder sobre ella. Hay momentos en que se olvida y nuevamente la agobia la auto conmiseración y cae en la depresión, pero se repite cada vez con menor frecuencia, y con síntomas no tan severos. Si continúa creciendo en el Señor la cura será permanente.

El problema del temor fue más complejo. En parte el temor era provocado por un complejo de culpabilidad por los sentimientos que albergaba contra su padre antes de morir. Los temores fueron desapareciendo cuando comprendió la magnitud del perdón de Dios tal cual lo revela la Biblia. El cuadro mejoró más aún por medio de un estudio bíblico sobre el temor y la paz. Al comprender que ella contaba en forma permanente con un "amigo más unido que un hermano", que Jesús dijo: "no te dejaré ni te desampararé", y "he aquí yo estoy con vosotros todos los días", su inseguridad fue paulatinamente reemplazada por la fe. Afortunadamente contó con una amiga cristiana que la acompañó regularmente a una clase de estudio bíblico para señoras. El estudio bíblico y la amistad cristiana resultaron ser una excelente terapia. También ayudó a despejar su temor el hecho de reconocer que era una mujer egoísta. Básicamente el temor es provocado por el egoísmo. No bien el Espíritu Santo entró en su vida, comenzó a interesarla en los demás. Al participar en la vida de los otros, sus temores disminuyeron.

No pasó mucho tiempo antes que su esposo —con su mentalidad analítica y su preparación profesional de médico especialista —advirtiera que se había producido un cambio. Todavía no está dispuesto a reconocer o admitir que el cambio en su esposa se produjo a raíz de una relación personal con Jesucristo, pero sí reconoce que algo la ha transformado.

El poder de Jesucristo para superar el miedo no está limitado a ninguna edad en particular. Un día vino a verme una señora a quien le faltaban dos años para jubilarse, diciéndome que había recibido a Cristo en una de las clases bíblicas femeninas pero que *no había nada que hacerle, pues no resultó lo que ella esperaba.* Había tratado de superar sus temores recurriendo a la religión y aplicando métodos sicológicos, pero todo había sido en vano. Sus temores le robaban el sueño, y el insomio la tornaba nerviosa e irritable. Sufría de alta presión sanguínea y vivía preocupada. Me dijo: "Lo único que parece ayudarme es cuando vengo aquí tarde de noche y me siento a orar en los escalones de entrada a la iglesia".

Su padre, a quien ella había amado y admirado, fue un pastor modernista. Le enseñó que la Biblia es un "buen libro, lleno de mitos y leyendas, al que había que interpretar en forma simbólica". En consecuencia, no podía entender ni beneficiarse de la Palabra de Dios, porque invariablemente dudaba de todo lo que leía. Después de varias entrevistas semanales, durante las cuales le di una receta espiritual —leer la Biblia por lo menos diez minutos diariamente y aprender de memoria un versículo de la Escritura—, su vida cambió. Llegó el día en que me dijo: "No hace falta que continúe viéndolo, porque Dios ha transformado mi vida". Todos los que la conocen son testigos de ese cambio.

Culpando a los otros

Un joven comerciante me entrevistó un día y reconoció sus faltas y debilidades. A las primeras palabras afloró el verdadero problema:

su esposa era frígida. "Pero no siempre fue así", me dijo. "Nos conocimos en un grupo cristiano en el colegio y, siendo como éramos, demasiado espirituales para asistir a espectáculos o bailar, no teníamos nada mejor que hacer, al salir juntos, que estacionar el vehículo ¡y besuquearnos! A poco andar comenzaron las caricias íntimas, y de ahí a la relación sexual fue sólo un paso". Para evitar su propia vergüenza y la de sus familias ante la posibilidad de un embarazo indeseado, decidieron casarse. Pero no tuvieron hijos y ninguno de los dos terminó sus estudios. Abandonaron todo tipo de servicio cristiano, y su deficiente educación limitó seriamente su progreso vocacional. Concluyó diciéndome que hizo todo lo posible para ser considerado y amable, pero que a pesar de ello notaba que su esposa perdía rápidamente todo interés en el contacto físico. Llevaban ya once años de casados. Sabiendo que siempre hay dos lados en todo problema matrimonial, le pedí que invitara a su esposa a conversar conmigo.

Cuando entró la esposa, bañada en lágrimas, exclamó: "¡Odio lo sexual!" Supe de inmediato que la afectaba un hondo problema. Antes de mencionar lo relativo a la deficiente adaptación física, le formulé algunas preguntas sobre niños y sobre el matrimonio en general. Me dí cuenta de que era un manojo de nervios al comprobar su intensa hostilidad y amargura, al borde de la neurosis. Se sentía totalmente frustrada. Todos los sueños de su vida habían explotado como burbujas de jabón. Quería "ser una virgen cuando me casara, y debido a que él no pudo controlar su pasión perdí mi virginidad antes de casarnos. Quería ser una profesora de música y que mi marido fuera un profesional, y ¡ahora ninguno de los dos somos nada! Nunca está en casa, porque trabaja en dos lugares para poder pagar las cuentas; nunca hace nada para la casa; no tenemos un automóvil que valga la pena, ni casa propia ni muebles. Ninguno de mis sueños se cumplió y ¡todo por culpa de él! " Por lo general, una mujer tan emocionalmente expresiva como esta aprende a gozar plenamente de la experiencia sexual, mayormente cuando el esposo es amable, limpio y considerado.

Me costó bastante convencer a Suzanne de que si bien su esposo tenía sus faltas y debilidades, la *actitud de ella* era el *verdadero* problema. Se sentía terriblemente culpable por haber violado sus principios durante el noviazgo, pero en lugar de culparse a ella misma lo culpaba a él. En lugar de admitir que pudo decir "no", y al mismo tiempo asegurarle que lo amaba y esperar a terminar sus estudios antes de casarse, cedió porque quiso. Cuando finalmente admitió su pecado, pudo confesarlo y experimentó una reconfortante sensación de alivio. Al examinar *Efesios* 4:30-32, se dio cuenta de que su propia hostilidad y dureza de corazón era un pecado que entristecía al Espíritu Santo. Gradualmente aprendió a reconocer el enojo como un pecado, y Dios puso en su corazón un renovado amor hacia su esposo. Se tranquilizó y muy poco tiempo después volvió a ser la esposa emocionalmente cariñosa que fue durante su luna de miel.

Y al orar juntos, Dios los ha dirigido en un programa educativo de largo alcance que les ha dado nuevas metas y objetivos. El hogar que un día fue frío y aborrecible, es ahora un cielo. El esposo admite que antes buscaba cualquier excusa para no permanecer en la casa; ahora busca cuanta oportunidad se le presenta para quedar en su casa en compañía de su esposa y de sus hijos, debido a la alegría que experimenta al estar con ellos. Observándolos como pastor, he tenido una enorme satisfacción. No solamente asisten a los cultos con mayor frecuencia, sino que se sientan siempre juntos y no como lo hacían antes, cuando buscaban cualquier pretexto para sentarse separados.

Espiritualidad y sexo

Sin duda que a muchos cristianos les ha de parecer muy raro el que un pastor afirme que una pareja llena del Espíritu Santo puede experimentar más placer físico y emocional del acto matrimonial que una pareja que no goza de esa plenitud del Espíritu. De ello estoy firmemente convencido. Es un hecho muy bien conocido que la tranquilidad y la consideración son las llaves principales de la armonía sexual. ¿Qué poder sobre la tierra puede tranquilizar a las personas y motivarlas hacia la bondad, la amabilidad y el auto-control que no sea el Espíritu Santo? Tengo la impresión de que muchos cristianos piensan, subconscientemente, que cuando una pareja experimenta la plenitud del Espíritu Santo, una de las primeras cosas que deberá hacer es salir de estampía a comprar camas separadas. Esta actitud supone que Dios puso en el hombre una intención aviesa. Pero lo real es que el impulso apremiante del acto matrimonial es un don de Dios para el supremo placer emocional y físico de la pareja. Mientras mayor sea el progreso espiritual de una pareja cristiana, mayor será su atracción física. Cuando el Espíritu Santo llena una vida, crece paralelamente un renovado amor por los demás. Hace que la gente sea más paciente y amable. Por lógica consecuencia, un marido lleno del Espíritu Santo será más amante y afectivo con su esposa, habiendo desaparecido esas "pequeñas cosas" que antes creaban hostilidad y resentimiento; de ahí que la esposa ofrezca menos resistencia emocional a los deseos sexuales del marido y responda con mejor éxito al ánimo del esposo. Una mujer llena del Espíritu Santo se sentirá menos inhibida para las intimidades del matrimonio.

Las inhibiciones ahogan el placer sexual, especialmente en la mujer. Consecuentemente, una mujer llena del Espíritu Santo se tranquilizará gradualmente y le será más fácil obtener el pleno goce de la experiencia.

Mirando atrás, a lo largo de mi experiencia como consejero recuerdo un solo caso de un matrimonio lleno del Espíritu Santo que estaba afectado por un problema de inadaptación sexual. Eran dos jóvenes que no sabían lo que estaban haciendo. Después que hablamos y leyeron dos de los libros que les aconsejé, resolvieron su problema sexual.

Las personas espiritualmente sensibles son dirigidas por el Espíritu Santo para encontrar la solución a sus problemas. La característica espiritual de la humildad se sobrepone a la natural tendencia al orgullo, que hace que las parejas sean remisas a admitir que tienen un problema. Cuando reconocen que existe un problema y buscan la ayuda de Dios, El los dirige hacia la respuesta adecuada. No deje el lector de leer cuidadosamente el Apéndice A sobre "Cómo obtener la plenitud del Espíritu Santo". Enriquecerá todos los aspectos del matrimonio.

El odio se transforma en amor

Tiempo atrás vi la mejor ilustración que haya visto en mi vida del poder de Jesucristo para cambiar a dos personas. Una joven pareja asistía a los cultos de nuestra iglesia en forma algo irregular, durante tres meses. Una noche pidieron hablar conmigo urgentemente. Hasta ese momento nunca había presenciado un odio tan claramente manifiesto entre dos personas. En mi estudio tengo tres sillas para mis visitantes, y cuando los invité a tomar asiento no se sentaron uno al lado del otro, sino que deliberadamente dejaron una silla vacía entre ambos. No tardaron en contarme su historia.

El joven, lisa y llanamente exclamó: " ¡Es una mujer frígida! No me deja tocarla más". Ella dijo: "Mi padre fue un alcohólico. Cuando nos casamos, siete años atrás, mi esposo me prometió que no bebería si me casaba con él. Ahora toma todas las noches, camino al hogar, y los viernes vuelve a casa borracho. No puedo soportar que me toque cuando ha tomado". Furiosamente el hombre espetó: " ¡Eras lo mismo antes de comenzar a beber! " Luego de conversar un rato se hizo evidente que había, básicamente, dos problemas, amén de otros factores irritativos. Eran dos jóvenes sexualmente frustrado debido al egoísmo, a la ignorancia, a la falta de comunicación. Además, ninguno de los dos conocía a Jesucristo como su Salvador. Dudé un rato sobre cuál problema tratar en primer lugar, pero recordé el consejo que nos daba nuestro entrenador de fútbol en el colegio secundario: "Nunca traten de enfrentarse a dos jugadores simultáneamente, sino que deben concentrar su esfuerzo en uno o en otro". Pero mi problema era cuál problema tratar primero. Por lo tanto oré al Señor: "¿Cuál problema encaro primero, Señor? " Me pareció que me indicaba que hablara primero de la vida sexual de la pareja.

Se habían casado muy jóvenes y al comienzo se entendían a las mil maravillas. Pero al agotarse la novedad del casamiento afloraron sus distintos trasfondos culturales. Ella creció entre gente religiosa y refinada y le encantaba la etiqueta, la prolijidad y la tranquilidad hogareña.

Así fue como dijo: "Nunca escuché que mis padres levantaran la voz, ni jamás oí a mi padre decir palabrotas". El joven creció en un sector de bajo nivel cultural de la ciudad. Si bien nunca actuó desenfrenadamente antes del matrimonio, su educación sexual la recibió en los callejones y el cuartel del ejército. Ella nunca se animó a decirle que sus torpes palabras —aprendidas en ese ambiente—, al describir las intimidades del acto matrimonial "la inhibían totalmente". Si bien ella, al comienzo del acto se veía transportada, bastaba que él, inocentemente, emitiera palabras que ella consideraba asquerosas, para que se apagara el fuego emocional de su pasión. De ahí en adelante el trato sexual se transformó en una tortura en lugar de un placer y cada vez lo rechazó más. Y a mayor resistencia de ella, mayor determinación de él. Finalmente, y a consecuencia de su rechazo, se dio a la bebida para desquitarse de ella.

La madurez del joven se puso de manifiesto por su saludable reacción no bien se dio cuenta del efecto que su lenguaje había tenido sobre la naturaleza sensible de ella. Se levantó de la silla y, sentándose en la que estaba próxima a ella, le dijo: "Querida, nunca me imaginé que lo que te ofendía era las cosas que te decía. ¡Lo siento con toda mi alma! " Ella respondió: "No lo puedo remediar, pero es así como me siento". Cuando rompió a llorar él tomó su mano entre las suyas y dijo con toda solemnidad: "En presencia del pastor, te prometo que en adelante jamás escucharás de mis labios esas palabras". (Es interesante consignar que hasta la fecha, según me refirió ella, él ha mantenido la palabra empeñada).

Cómo llegar a ser cristiano

El cambio de ideas aclaró considerablemente el panorama, pero bien sé que las buenas intenciones no son suficientes. Necesitaban una fuente externa de poder para ayudarles a guardar sus promesas. Les pregunté: "¿Han oído ustedes hablar de las Cuatro Leyes Espirituales?" Al responderme que no, saqué el pequeño manual de las Cuatro Leyes[1], que siempre llevo en mi bolsillo, y les dije: "De la misma manera que Dios dispone de leyes físicas que gobiernan el universo físico, así también tiene leyes espirituales para gobernar sus relaciones con el hombre". Y estas son las leyes que les mostré.

1. *Dios te ama y tiene un maravilloso plan para tu vida.* "Porque de tal manera amó Dios al mundo, que ha dado a su Hijo unigénito, para que todo aquel que en él cree, no se pierda, mas tenga vida eterna" (*Juan 3:16*).

   "Yo he venido para que tengan vida, y para que la tengan en abundancia" (*Juan 10:10b*).

2. *El hombre es pecador y está separado de Dios; por lo tanto no puede conocer ni experimentar el amor de Dios y el plan que ha proyectado para su vida.*

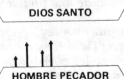

"Por cuanto todos pecaron y están destituidos de la gloria de Dios" (*Romanos 3:23*). "Porque la paga del pecado es muerte, mas la dádiva de Dios es vida eterna en Cristo Jesús, Señor nuestro" (*Romanos 6:23*).

3. *Jesucristo es la única provisión de Dios*

para los pecados del hombre. A través de El podemos conocer el amor de Dios y su plan para nuestra vida.

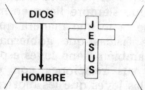

Dios busca al hombre

"Mas Dios muestra su amor para con nosotros, en que siendo aún pecadores, Cristo murió por nosotros" (*Romanos* 5:8).

"Jesús le dijo: Yo soy el camino, y la verdad, y la vida: nadie viene al Padre, sino por mí" (*Juan* 14:6).

"Al que no conoció pecado, por nosotros lo hizo pecado, para que nosotros fuésemos hechos justicia de Dios en él" (2 *Corintios* 5:21).

Examiné ligeramente las tres primeras leyes, llamando la atención a los versículos y al significado de cada diagrama, porque sabía que ya creían en el Evangelio, pero nunca habían invitado a Cristo a entrar en sus vidas. Después de eso les dije: "La cuarta ley es la que quiero que examinen cuidadosamente. Dice así:

4. *Debemos recibir a Jesucristo como Salvador y Señor por medio de una invitación personal.*

Continué diciendo: "Según esta ley, podrán ver que no es suficiente aceptar a Cristo como Salvador para que nos perdone los pecados pasados, sino que ustedes tienen que aceptar a Cristo como SALVADOR y SEÑOR. Necesitan a un Señor que sea guía de su futuro. Este diagrama muestra lo que quiero decir. El círculo represen-

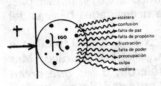

ta vuestra vida. La silla representa el centro de control de vuestra voluntad. Lo que nos hace tan distintos de los animales es que Dios nos ha dado un libre albedrío. Podemos hacer lo que queremos. Eso es lo que significa el ego colocado en el trono, en el centro del diagrama. Es el gran "Yo". Los puntos representan las grandes y pequeñas decisiones que debemos tomar en la vida: dónde trabajaré, con quién me casaré, cómo trataré a mi cónyuge, qué clase de amistades tendré, y muchas otras decisiones. El problema con esta vida es que Cristo está fuera y es el Ego que toma las decisiones. En tanto que una persona toma decisiones basadas en "Lo que yo quiero", o "Lo que me conviene a mí", se verá afectado de distintos grados de frustración, tales como el temor, la confusión, falta de metas, culpabilidad y muchos otros problemas.

Pero cuando alguien decide recibir a Cristo en su vida como Señor y Salvador, el resultado será totalmente distinto. Cristo entrará en su vida para ocupar el trono de su voluntad.

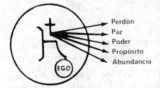

Lo primero que hace Cristo es perdonar y limpiar *todos* sus pecados. Eso se traduce en paz en su corazón, porque cuando a una persona le son perdonados sus pecados, no teme más a Dios. Cuando Cristo entra en su corazón, cuenta con una nueva fuente de poder que lo capacita para poner en práctica los nuevos y cautivantes propósitos de su vida. Más aún, Cristo, por medio de su Espíritu, abre ante nuestros ojos una nueva dimensión de la vida: nuevo amor, nuevo gozo y nueva paz, que son, justamente, las necesidades básicas del hombre.

Continué diciendo: "No es difícil recibir a Cristo en nuestras vidas. *Juan 1:12 dice: Mas a todos los que le recibieron, a los que creen en su nombre, les dio potestad de ser hechos hijos de Dios.* En *Apocalipsis 3:20* el Señor Jesús dijo: *He aquí, yo estoy a la puerta y llamo; si alguno oyere mi voz y abre la puerta, entraré a él, y cenaré con él, y él conmigo.* Recibir a Cristo no es otra cosa que reconocer que queremos que El entre en nuestras vidas a perdonar nuestro pasado y guiar nuestro futuro, y por medio de la oración le pedimos que venga. Por este acto voluntario nos entregamos emocional, mental y físicamente a Cristo".

Entonces, les dije: "Quiero preguntarles algo a los dos: ¿cuál de estos círculos representa realmente su vida?" Levanté los círculos para que los pudieran ver.

A los pocos segundos estuvieron de acuerdo en que el primer círculo representaba sus vidas. A continuación les pregunté: "¿Hay alguna razón valedera por la cual no pueden invitar a Cristo a entrar en sus vidas ahora mismo?" Tom respondió: "Yo no conozco ninguna; es justamente lo que necesito". Su esposa, simplemente dijo: "Yo también". Y allí mismo estos dos jóvenes elevaron su primera oración. No fueron oraciones largas ni elaboradas; simplemente admitieron ante Dios que eran pecadores y pidieron al Señor Jesús que entrara en sus vidas como Señor y Salvador.

En un instante se transformaron en "hijos de Dios, nuevas criaturas en Cristo". Muchas veces esta transformación no se hace en forma tan espectacular como con esos dos jóvenes. Después de darles algunas ideas y sugerencias sobre la seguridad de la salvación, y sobre cómo crecer en su vida cristiana, abandonaron mi estudio tomados de la mano.

Volvieron al cabo de una semana. Estaban asombrados del cambio en su vida matrimonial. Les pregunté: "¿Cuál es el mayor cambio que han notado en ustedes?" Respondieron: "El pronto y total retorno de nuestro amor".

He observado a esta joven pareja durante varios meses. Cada vez que veo la forma tierna y afectuosa con que se tratan y recuerdo el odio y la amargura que existía entre ellos, me regocijo nuevamente en el Evangelio de Jesucristo que todavía es el "poder de Dios para salvación a todo aquel que cree. . ." (*Ro.* 1:16).

Antes de cerrar este libro quiero formular una pregunta: "¿Cuál de los círculos de la página 174 representa la vida del lector?

Si es el primero, le ruego que permita que Cristo entre en su vida, para obtener una vida abundante. El tiene la respuesta a cada problema y a cada situación difícil y lo guiará a ser "feliz a pesar de ser casado".

---

1. Los diagramas y las Cuatro Leyes Espirituales son material con derechos de propiedad literaria y publicadas con permiso de Campus Crusade for Christ International, Arrowhead Springs, San Bernardino, California.